世界五千年
科技故事丛书
卢嘉锡题

《世界五千年科技故事丛书》
编审委员会

丛书顾问　钱临照　卢嘉锡　席泽宗　路甬祥
主　　编　管成学　赵骥民
副 主 编　何绍庚　汪广仁　许国良　刘保垣
编　　委　王渝生　卢家明　李彦君　李方正　杨效雷

世界五千年科技故事丛书

圆周率计算接力赛
祖冲之的故事

丛书主编　管成学　赵骥民

编著　管成学

吉林出版集团｜吉林科学技术出版社

图书在版编目（CIP）数据

圆周率计算接力赛：祖冲之的故事 / 管成学，赵骥民主编. -- 长春：吉林科学技术出版社，2012.10（2022.1重印）
ISBN 978-7-5384-6150-3

Ⅰ.①圆… Ⅱ.①管… ②赵… Ⅲ.①数学－普及读物 Ⅳ.①01-49

中国版本图书馆CIP数据核字（2012）第156338号

圆周率计算接力赛：祖冲之的故事

主　　编	管成学　赵骥民
出 版 人	宛　霞
选题策划	张瑛琳
责任编辑	潘竞翔
封面设计	新华智品
制　　版	长春美印图文设计有限公司
开　　本	640mm×960mm　1 / 16
字　　数	100千字
印　　张	7.5
版　　次	2012年10月第1版
印　　次	2022年1月第5次印刷
出　　版	吉林出版集团
	吉林科学技术出版社
发　　行	吉林科学技术出版社
地　　址	长春市净月区福祉大路5788号
邮　　编	130118
发行部电话 / 传真	0431-81629529　81629530　81629531
	81629532　81629533　81629534
储运部电话	0431-86059116
编辑部电话	0431-81629518
网　　址	www.jlstp.net
印　　刷	北京一鑫印务有限责任公司
书　　号	ISBN 978-7-5384-6150-3
定　　价	33.00元

如有印装质量问题可寄出版社调换
版权所有　翻印必究　举报电话：0431-81629508

序 言

十一届全国人大副委员长、中国科学院前院长、两院院士

　　放眼21世纪，科学技术将以无法想象的速度迅猛发展，知识经济将全面崛起，国际竞争与合作将出现前所未有的激烈和广泛局面。在严峻的挑战面前，中华民族靠什么屹立于世界民族之林？靠人才，靠德、智、体、能、美全面发展的一代新人。今天的中小学生届时将要肩负起民族强盛的历史使命。为此，我们的知识界、出版界都应责无旁贷地多为他们提供丰富的精神养料。现在，一套大型的向广大青少年传播世界科学技术史知识的科普读物《世

序 言

界五千年科技故事丛书》出版面世了。

由中国科学院自然科学研究所、清华大学科技史暨古文献研究所、中国中医研究院医史文献研究所和温州师范学院、吉林省科普作家协会的同志们共同撰写的这套丛书，以世界五千年科学技术史为经，以各时代杰出的科技精英的科技创新活动作纬，勾画了世界科技发展的生动图景。作者着力于科学性与可读性相结合，思想性与趣味性相结合，历史性与时代性相结合，通过故事来讲述科学发现的真实历史条件和科学工作的艰苦性。本书中介绍了科学家们独立思考、敢于怀疑、勇于创新、百折不挠、求真务实的科学精神和他们在工作生活中宝贵的协作、友爱、宽容的人文精神。使青少年读者从科学家的故事中感受科学大师们的智慧、科学的思维方法和实验方法，受到有益的思想启迪。从有关人类重大科技活动的故事中，引起对人类社会发展重大问题的密切关注，全面地理解科学，树立正确的科学观，在知识经济时代理智地对待科学、对待社会、对待人生。阅读这套丛书是对课本的很好补充，是进行素质教育的理想读物。

读史使人明智。在历史的长河中，中华民族曾经创造了灿烂的科技文明，明代以前我国的科技一直处于世界领先地位，涌现出张衡、张仲景、祖冲之、僧一行、沈括、郭守敬、李时珍、徐光启、宋应星这样一批具有世界影响的科学家，而在近现代，中国具有世界级影响的科学家并不多，与我们这个有着13亿人口的泱泱大国并不相称，与世界先进科技水平相比较，在总体上我国的科技水平还存在着较大差距。当今世界各国都把科学技术视为推动社会发展的巨大动力，把培养科技创新人才当做提高创新能力的战略方针。我国也不失时机地确立了科技兴国战略，确立了全面实施素质教育，提高全民素质，培养适应21世纪需要的创新人才的战略决策。党的十六大又提出要形成全民学习、终身学习的学习型社会，形成比较完善的科技和文化创新体系。要全面建设小康社会，加快推进社会主义现代化建设，我们需要一代具有创新精神的人才，需要更多更伟大的科学家和工程技术人才。我真诚地希望这套丛书能激发青少年爱祖国、爱科学的热情，树立起献身科技事业的信念，努力拼搏，勇攀高峰，争当新世纪的优秀科技创新人才。

目 录

测日影的小男孩/011

家世/014

早年的科学实践/016

进入华林学省/022

把岁差引进历法，改进闰法/026

唇枪舌剑的大辩论/039

发展了同余式组/045

圆周率计算的接力赛/050

圆周率为百姓造福/068

《缀术》数学杰作/075

再造指南车/078

目录

制造水碓磨 /089

对交通工具的改进 /096

制造计时器及其他 /103

晚年生活 /111

测日影的小男孩

一个美丽的早晨。

东边山头上的天空染红了。紫红色的云像是被小孩用毛笔乱涂出一样，无意地成了巨大的天神的翅膀。山顶上一团浓云中间，露出了朝阳，好像是血红的可爱的双唇，向着人们微笑。

那月亮门内，一架瓜棚，半熟的瓜，垂垂欲坠。中间一条砖砌的甬道，两边扎着两重细巧的篱笆。篱笆上交缠着蔷薇、荼蘼、木香，正在开放，灿如锦屏。再走几步，尽是名花异卉。一花未谢，一花又开。再往前是一大片空地，一个10多岁的男孩正在那里头不抬眼不睁地忙着什么。只见空地的南面立着一个表，此时他正忙着在那个表的后面立另一个表。一个书童走过来说：

"少爷，该吃早饭了。"

男孩头也不抬地说：

"待片刻就吃。"

书童近前看了看立着的表说：

"又是测量日影！昨天还放得好好的，今天怎么都拆了？"

男孩说：

"我又发现一种新的测量方法，待我做好之后再告诉你。"

"吃完早餐再弄吧，不然夫人又该着急了。"

那男孩好像没听见，照样摆弄自己的。书童只得在一旁耐心等待。他突然发现了什么似的惊讶地问：

"少爷，这是啥玩意？"

"啊，这玩意是测量日影所用的仪器，叫做表。"

"哟！还是金子做的哩！"

男孩笑了笑说：

"此乃铜制的板形标杆，垂直立于地平面上，记录正午时的日影。这是一项很细致、很繁琐的工作，需要很大的耐心。你不要烦我，一会儿我就去用饭。"

书童无可奈何地走了，他咕哝着：

"整日里不是观星星，就是看月亮、看日头，不知有何用处?"

这个观测日影的男孩子就是我国南北朝时期雄踞于世界之巅的科学巨星祖冲之（429—500）。

家 世

祖冲之，字文远，祖籍范阳郡遒县（今河北省涞水县）。西晋末年，为避战乱，举家南迁。祖冲之生于南朝刘宋元嘉六年（429）。

祖冲之的家庭，是一个封建士大夫世家，同时又是一个科学文化气氛浓郁的家庭。他的曾祖父祖台之任东晋侍中，酷爱文学。曾写过一部名为《志怪》的小说。祖父祖昌任刘宋大匠卿，是管理土木建筑的官吏。他的父亲祖朔之，也在南朝刘宋当官。这个家庭的历代成员对天文历法都很有研究，对于科学、文化也同样有很深的造诣。

祖冲之出生于我国历史上的南北朝时期。南北朝以前是东晋。晋朝由豪族司马氏于公元265年建立，史称西晋。几十年以后，鲜卑等西北地区少数民族进入黄河流域，晋王朝于公元316年迁都建康（今南京市），史称东晋。到公元386年，鲜卑族统治者在黄河以北建立了北魏王朝，形成了南北对峙的局面。南朝从公元420年东晋大将刘裕夺取帝位，建立宋政权开始，经历了宋、齐、梁、陈四个朝代。同南朝对峙的是北朝，北朝经历了北魏、东魏、西魏、北齐、北周等朝代。祖冲之是南朝人，出生于刘宋时期，死的时候已是南齐时期了。

当时，由于南朝社会比较安定，农业和手工业都有显著的进步，经济和文化得到了迅速发展，从而也推动了科学的前进。这些，都是祖冲之进行科研的有利条件。

早年的科学实践

祖氏家族迁到江南。江南是全国经济、文化发达的地区，又集中了一大批儒生学士，造成了良好的经济、科学、文化发展环境。

在这样的家庭与社会环境的熏陶下，祖冲之自然就对自然科学、文学、哲学、音乐等产生了浓厚的兴趣，尤其对数学、天文学、机械制造情有独钟。

这天，他又跑到书房查找《汉书》。

前几日，他对东汉末年刘洪的《乾象历》和三国时杨伟的《景初历》等进行了研究。昨天，他听爷爷说《汉书》中提到了六种古代的历法，今日便来浏览一番。

他拿起《汉书》，如饥似渴地读起来，这部书是东汉初年班固写的。

读着读着，他发现书中确实提到了六种古代历法，即《黄帝历》、《颛顼历》、《夏历》、《殷历》、《周历》和《鲁历》。他越看越觉得疑惑。他两手托着腮，望着一处，陷入沉思。

这时，父亲走进来，见他这般模样，便问道：

"冲儿，又为何事发呆？"

祖冲之若有所思地问道：

"父亲，东汉班固所写的《汉书》中提到的六种古代历法都是何人所作？"

父亲不假思索地说：

"当然是古代黄帝、颛顼和夏、殷、周、鲁时的人先后所作了。"

祖冲之不置可否地自言自语说：

"我怎么觉得有些蹊跷呢？"

说着，又沉思起来。

父亲见他又陷入沉思，便不再打扰他。

过了些日子，他兴高采烈地找到父亲说：

"父亲，您说《汉书》中提到的六种古代历法是古代黄帝、颛顼和夏、殷、周、鲁时的人先后所作，其实不然，都是后人假托前人的伪作。"

父亲非常惊讶地问：

"不是他们，该是何人所为？"

祖冲之理直气壮地说：

"古历之作，皆在汉初秦末。"

接着，他便把古历纰漏的地方讲给父亲听。祖朔之听了，频频点头说：

"我儿所言极是，有理有理。"

祖冲之见父亲已经认可自己的见解。心中非常高兴。休息时，他的书童跑来，嬉皮笑脸地说：

"少爷，您那天答应我，给我讲月亮为何有圆有缺。今天，该给我讲了吧？"

祖冲之满口应允说：

"好！今日就还欠你的债。"

说完，便一字一句地讲起来：

"有人说天狗吃月亮，其实不然，实际是地球遮住月球时就出现月缺现象。"

书童歪了歪头，好像明白了，又问：

"今年为什么有十三个月？"

祖冲之解释说：

"从月圆或月缺到第二次月圆或月缺的一段时间定为一个月。每一个月是29天多一点，12个月称为一年。这种计年方法叫做阴历。后来又观察到从一个冬至到另一个冬至共需365 1/4天，于是也把这一段时间称作一年。按照这种办法推算的历法通常叫做阳历。但是，阴历一年和阳历一年的天数，并不恰好相等。按照阴历计算，一年共计354天；按照阳历计算，一年应为365 1/4。阴历一年比阳历一年要少11天多。为了使这两种历法的天数一致起来，就必须想办法调整阴历一年的天数。对于这个问题，我们的祖先很早就找到了解决的办法，就是采用'闰月'的办法。在若干年内安排一个闰年，在每个闰年中加入一个闰月。每逢闰年，一年就有13个月。由于采用了这种闰年的办法，阴历年和阳历年就比较符合了。"

书童聚精会神地听着，见祖冲之不讲了，便问：

"那么多少年闰一年呢？"

祖冲之见他听得很认真，便高兴地说：

"我们的祖先一向把19年定为计算闰年的单位，称为'一章'。在每一章里有7个闰年。也就是说，在19个年头中，要有7个年头是13个月。这种闰法一直采用到现在，能有一千多年了。"

书童说：

"你说的这事，那天老爷和老太爷也在说。我没有听懂，只听说这个历法有些不准了，说是北凉有个姓赵的又测出新的说道了。

这时，有人喊书童，他便飞也似地跑了。祖冲之可犯了寻思。他思忖片刻，便向书房走去。他找了半天，看到了著名历算家何承天作的《元嘉历》。他急忙阅读起来。《元嘉历》中清楚地写着19年7闰的历法。他将《元嘉历》丢到一边，又找起来。他隐约记得书童说是北凉的，一直找到傍晚时分才在父亲的书房里看见一本《元始历》，是北凉赵𪟎所作。

公元316年到420年这一期间，我国北方广大地区先后建立过许多国家，史称"五胡十六国"。北凉是其中之一，在今甘肃省壮族市以西的地方。祖冲之拿到书，一鼓作气将它看完。此书乃412年赵𪟎所作。《元始历》打破了岁章的限制，规定在600年中间插入221个闰月。他感到疑惑：《元嘉历》晚于《元始历》31年，为什么现在还采用19年7闰的古法呢？他问父亲：

"父亲，北凉的赵𪟎已规定600年中间插入221个闰月,为何何承天制作《元嘉历》时还采用19年7闰的古法呢?"

祖朔之说:

"有可能赵𫖮的改革没有引起当时人的注意。另外,若想施行一种新法也很难,要受到许多阻力。人们习惯一种旧的习惯势力,很难接受新的东西。他们总认为旧的东西是天经地义的,是祖宗所定的规矩,不能轻易改变。若有人改变,定会遭到一些人的反对,要冒风险的。"

父亲的话他没有完全理解,可在他的心灵中却埋下了19年7闰的提法已经不适用了的看法,并要亲自动手测量一下,到底应该几年一闰。祖冲之博览群书,却从不盲从,从不迷信。他特别善于实践。他从小没有进过学堂,也没有拜过什么名师,但他天资超人,意志顽强,凭着自己的刻苦学习、勤奋钻研、锐于实践,终于在青年时代就成了一个常识渊博、善于创新的学者。

进入华林学省

天才加勤奋，使青年的祖冲之就已经因博学而颇有声誉了。

当时，孝武帝刘骏刚刚登基。

刘骏的生身母亲当年貌美被选入宫，拜为淑媛，后来年龄大了不再得宠，刘骏也随之不被父皇喜爱。而四弟刘铄、七弟刘宏却被父皇视为掌上明珠。当父皇欲废太子刘劭而另立太子时，竟不曾考虑在兄弟中排行老三的刘骏，反而倾向于立老四刘铄！那个刘铄平时自负才气，根本不把三哥刘骏放在眼里。

后来，太子刘劭弑帝自立，刘骏率领大军以讨伐弑君、弑父的刘劭为名，平定祸乱，荣登皇帝宝座。

刘骏自从做了皇帝，到了凌驾于万人之上、执掌生杀大权的滋味，确实惬意得很。为了巩固现有的地位，他收罗了一些饱学之士，建立了华林学省。这是一个研究学术的地方。

由于祖冲之有博学的名气，所以孝武帝要把他请到华林学省。

这一天，祖冲之正在书房读书，突然听到外面人声嘈杂，书童跑进来说：

"少爷，朝廷的钦差来府上传达皇帝的圣旨了！"

祖冲之这才抬起头说：

"我说哩，这会儿这般热闹！你可知为何事而来？"

书童摇摇头说：

"不知道，我只见老爷去前堂了。"

没等书童说完，就听见似乎有许多人向书房走来。只见父亲三步并作两步跨进来说：

"冲儿，皇帝传下旨意让你去华林学省做事，快去接旨去！"

看到父亲及家里的人无不紧张和兴奋，祖冲之觉得很奇怪。他无动于衷地说：

"我不愿意做官！现在很好，我可以专心研究学问，不受任何干扰。"

祖朔之看到独生子这个样子，心急火燎，耐着性子说：

"冲儿，皇帝能如此看重你，那是咱家的荣耀！再说，你进了华林学省，那里聚集了全国的饱学之士，你的学问也会大大长进的。你想研究什么，那儿的条件比家里要方便得多。你可大开眼界，如虎添翼了！"

祖冲之听了父亲的话，觉得言之有理，便随父亲去前堂接了圣旨。

进了华林学省，祖冲之觉得一切都很新鲜、有趣、有生气。那些饱学之士各有所长。华林学省的书籍堆积如山，应有尽有，比自家强上百倍。真像人们所说的那样，此番自己可有用武之地了。

他感到自己已经开始创造自己的故事了，而故事的开头就是精彩生动的场面。

他把油灯的灯芯向高处拨动了下，打开一本张衡所撰的有关圆周率的论述。

当初在家时，他也对圆周率很感兴趣，但家中只有一本《周髀算经》，书中有"周三径一"的记载，即圆周率为3。

在华林学省，他看到了王莽时刘歆制律嘉量所用的圆周率为3.1547和3.166这两个近似值。东汉著名的大科学家张衡则提出了"10的平方根"和92/29这两个近似值。这些，都比"周三径一"大有进展。到了三国时期，魏国的数学家刘徽确立了圆周率的科学计算方法——割圆术。

祖冲之越看越觉得过去所研究的东西都非常浅显，没有深度，太幼稚可笑了！此时他感到充实，感到愉快、幸福！

灯油耗尽，鸡啼声响起，他才搁下笔来，进入梦乡。

从此，祖冲之更加发愤学习、研究，日益向科学殿堂的巅峰攀登。

把岁差引进历法，改进闰法

当时南朝刘宋政府采用的历本是何承天（370—447）在公元443年编订的《元嘉历》，比以前的历法有不少改进，可以说是南北朝时期第一部好历法。但是，自从祖冲之进入华林学省后，通过对历法的深入研究，并经过10年来的长期实测，发现《元嘉历》也存在许多缺点。

祖冲之成年累月测量日影。这年冬天，为了确定冬至时间，他一连观测多次，用8米高的铜表测量，再经计算，确定该年的冬至在十一月三日。他又用此法测定了一年中二十四个节气的正午日影长度。

祖冲之为了准确地认识天体运动规律和测量时间长

度，十分需要测定方位。方位不准确就会影响到其他测量的准确性。他用五个铜表立于地面，先立南表，再立中表于南表中午影末，第三立北表于中表之北，令中表、北表末端与北极星对直。在春分和秋分时候立第四表和第五表。第四表在春秋二分日入半体时立于中表之东，谓之东表，令中表、东表和太阳"相直"。第五表在春秋二分日入半体时立于中表之西，谓之西表，令中表、西表和太阳"相直"。五表立完之后，还要进行校正：看南、北、中三表是否在一条直线上，如果不在一条直线上，调整中表，使三表在同一直线上，就得到南北方位。也用同样方法调整东、西、中三表使它们在一条直线上，就得到东西方位，这时把中表所在的位置叫做"地中"。

祖冲之就这样长期进行天文观测，获得了丰富的第一手资料。

这时，皇帝第八子襄阳王刘子鸾出任南徐州刺史，辖境为今安徽凤阳以东、江苏淮河以南、长江以北地区，治所在今江苏镇江市。襄阳王刘子鸾此时才6岁。襄阳王傅平素一向赏识祖冲之的才学，于是将祖冲之调到刘子鸾手下做了一名从事。从事分掌一州诸事物。

南徐州是个物产丰饶的地区，交通也很方便。这种环境是有利于祖冲之从事科学研究工作的。

祖冲之不管做任何事都非常认真，自从到了南徐州，他经常到各地办理公事，从事管理繁杂琐碎的行政事务。

一天，祖冲之早早就上路了。刚走了两个时辰，太阳在雾气中红得同鲜血一样，显示出它今天的把行人晒焦的威力。

田里早已是插秧的时候了，可他看见还有不少的农夫仍在耙田，祖冲之不由叹道：

"已经过节令十多天了，农夫们才开始插秧，岂不是误了农时吗！"

祖冲之心中默默算计着，十多天前他就观测出已经到夏末了。按道理应该提前抢收早稻，不失时机地抢种插秧，现在小苗该长出寸把高了。稻子的成熟期是100天，十多天要占生长期的八分之一。现在才插秧，收成起码要减二成。

一天，一个小差官跑来说：

"祖大人，襄阳王有急事找您！让您速去。"

祖冲之近日接连跑了几个乡村，亲眼看到一些孤寡老人身无御寒衣，家无隔夜粮。他心中感到烦闷。昨日下午到家，本来很疲劳，应该美美地睡上一觉。可是刚闭上眼睛，那可怜的百姓，那企盼的眼神，一股脑浮现在他的眼前。

一个年近50岁的老头子，儿子应征，死在战乱中，家中只剩儿媳妇和老伴。去年因节气不准，种下的粮食收成不好，又要偿还一点债，大户家的量器竟将他家收的粮食全部装进去还不够，无奈只得将儿媳妇押给人家做用人。近来老伴又病了，已经奄奄一息，家中没有一粒米。

祖冲之想：

百姓本来最容易满足，他们只要有衣穿、有饭吃就会感动得五体投地，就会高呼万岁！可是，就这么一点点要求都满足不了！我还有何脸面做官呢？

焦躁和烦恼扰乱了他整个的心。他不停地翻着身，辗转难眠。他猛然意识到致使这些百姓穷困潦倒的原因是节气的误差，如果有一个准确的历法，百姓就可以按节令播种收割，日子就会好过些。

祖冲之又想：

大户家的量器怎么能将一年的收成都装去了呢？听老人说在家估算能有十斗，可是到了大户家一称还不到八斗。如此说来现今的量器也不准……

清早起来，他闷闷地嘘了一口气，睁大了眼，怅惘地看着那一轮刚从浮云中露出脸来的太阳。他觉得头有些晕眩。他用冷水洗了洗脸，稍好了些，但仍感到很烦躁。他赤着脚在房里来回踱着步。

接到襄阳王的命令，他立刻赶奔衙门。襄阳王刘子鸾和襄阳王傅看到祖冲之，像见了救星似的，热情地说：

"辛苦了！近日又跑了几个乡呀？"

祖冲之没有直接回答襄阳王的问话。他见襄阳王今日满面春风，便乘势说：

"下官辛苦点是尽责，只是百姓太苦了……"

还没等祖冲之说完，刘子鸾就说：

"我找你是有大事相商。父皇要驾临此处游览，你我如何接驾呢？"

祖冲之看出了襄阳王刘子鸾年龄尚小，无心关怀百姓的疾苦，此时说了也是没有作用，只得迎合说：

"大王有何吩咐尽管说，下官一定尽心尽力的。"

"你与我去此地名胜看看如何？"

"遵命！"

于是，他们带着几个随从，来到城东北江滨的北山。四周黛绿的群山，都裸露出身子，迎着鲜丽的朝阳。此山北临长江，山势陡峭，十分险固，因名北固山。朝日的霞光，点染在江那面的峰尖上，慢慢地抹到山脚。山脚下的林丛，江边的草莽，也渐次在晨光中很明晰地绘了出来。

他们登上山顶，北览长江壮丽景色。北固山犹如半岛伸入江中，三面临水。气势极为雄伟。只见云外遥山耸绿，江边近翻银浪，隐隐沙汀，飞起几行鸥鹭；悠悠小浦，就像刚刚生过婴儿的年轻母亲一样安详慈爱。天光水色真是柔和极了。江水像身躯拂丝绸，水天极目之处，那些小舟，就像一束一束雪白的花朵在蓝天下闪光。偶尔，雪浪拍空，凉风吹面。北固峰上接苍穹，清晖亭半临江岸。祖冲之指点着说：

"此乃北固山的后峰，后峰临江，有甘露寺。寺前有清晖亭，寺后有多景楼和祭江宁。此处有一个传说，说的是三国时刘备在东吴招亲的故事。瞧，这便是狠石，那边那块是试剑石，再往前走还有走马涧……"

刘子鸾大开眼界，欣慰地说：

"本王在此地为官，不曾知道南徐州还有这样好的地方哩！真乃遗憾！看起来，父皇定是知道此处，不然，怎能想起驾临南徐州呢？我还一直琢磨不透，以为父皇要来此地，能否有何不祥之兆呢。今日我算弄明白了。"

祖冲之继续介绍说：

"大王还没有看完哩。临江石壁下尚有观音洞以及'云房风窟'、'勒马'等石刻呢。"

刘子鸾看了更是赞不绝口。

下午，他们唤来一条帆船，众人坐上，慢慢划去。北固山上树木郁郁苍苍，山坡上绿茵似锦，盛开着斗艳争奇的鲜花，如同一大片翡翠上镶着各色各样的奇异宝石。

划着，划着，突然下起雨来，顿时乌云密布，几个侍从连忙为他们撑起伞盖。他们正要进舱里避雨，忽听有人喊：

"撒下去，准成功……我打深处下啊……李大头！你打岸上下网！"

祖冲之见此情景，没有进舱。他伫立在甲板上，目不转睛地看着那个叫李大头的渔夫。只见他用脚试探着江底，直到腰部都浸在水里。有黏性的冷气爬进了他的胸部，像一道铁箍似地箍住了心脏；波浪像鞭子一样，向他脸上、向紧眯起的眼睛上不住地打着。渔网像球一样。膨胀起来。李大头两脚站不稳了。水流猛烈地向江中心冲去，把人往水里吸。李大头使劲用右手划到岸边来，祖冲之这才松了一口气。他一直为那个不相识的李大头担着心。此时，他那颗悬着的心才算落下来。一个差役在旁催促道：

"大人还是进舱吧。"

祖冲之像没听见似地说：

"太危险了！渔夫在江上作业实在不易呀！"

差役听了也有同感。他深知祖冲之平素非常关心百姓疾苦，便毫不掩饰地说：

"祖大人整日办理一些繁杂琐碎的行政事务，刺史大人非常器重您，南徐州是个物产丰饶之地，交通也很方便。按理说，百姓生活应该很富足，不必冒此风险。可见，偏偏适得其反，不知是何缘故？"

祖冲之颔首说：

"所言极是，此地真乃宝地，只是百姓耕作不适时令，所以庄稼长势不好。"

差役没有明白祖冲之的意思，便又问：

"大人所言，小人不明白。大人是否明示。"

祖冲之微笑着说：

"春天该种地时，没有种上。当春风来临时，才播种。失去了农时，庄稼长势怎能好呢？"

差役这才恍然大悟说：

"我明白大人的意思了。在春风来临前把种子播种到地里，当春风来临时，已经长出小苗。小苗借着春风会长得更快。风越吹，小苗长得越壮。这就叫赶上了时令。"

祖冲之点头说：

"对！庄稼的生长与时令的关系非常密切，它离开了适应它生长的条件与环境是无法生存的。"

差役听了似懂非懂，但是明白了祖冲之所说的中心意思。他不解地问：

"百姓怎么懂得这些学问？这些事本应由朝廷出告示。老百姓本是墙头草，哪个敢不听朝廷的？"

祖冲之若有所思地说：

"言之有理。当今百姓就是按着朝廷颁布的历法播种的。"

差役听了不解地问：

"难道朝廷的历法不准吗？"

祖冲之点头说：

"正是。"

差役看了看祖冲之说：

"大人既然知道历法过时，为何不上报朝廷？"

祖冲之摇摇头说：

"谈何容易呀！"

差役在衙门做事多年，也知道些吃皇粮的苦衷，于是也就不再问了。他默默地站在祖冲之的身后。他知道眼前的大人是个为民做好事的官，只是官职太小，说了不算数。

祖冲之自从做了从事后，经常到民间办理各种事务。他亲眼看到农民辛勤劳作，辛苦一年，却因节气不准而前功尽弃。于是，他下定决心改革历法，无论遇到什么艰难险阻，他都要义不容辞地坚持历法改革。

祖冲之根据自己的长期实际观测，再加上赵𫖮改革闰法的启发，进一步认识到破除旧章法的重要性和必要性。经过他的认真研究、计算，发现19年7闰闰数过多，在200年内就要比实际多出1天来，因此他认为非改革不可。不过，祖冲之没有采取赵𫖮的闰法，而是根据自己的实测改为391年中设置144个闰月，以解决旧章法闰数过多的问题。

祖冲之改革闰法，同时也破除了章岁。过去，19个阴历年叫做一"章岁"。

祖冲之在天文历法上的第二项重要贡献，是他第一次把岁差引进了历法。

根据物理学原理，刚体（也就是刚强坚硬不易变形的物体）在旋转运动时，假如丝毫不受外力的影响，旋转的方向和角速度应该是不变的；如果受到外力的影响，它的旋转速度就要发生周期性的变化。

地球就是一个表面凹凸不平、形状不规则的刚体，在运行时常受其他星球吸引的影响，因而旋转的速度总要发生一些周期性的变化，不可能是绝对均匀一致的。因此每年太阳运行一周（实际上是地球绕太阳运行一周），不可能完全回到上一年的冬至点上，总要相差一个微小的距离。按现在天文学家的精确计算，大约每年相差50.2秒，每71年8个月后移1度。这种现象叫做岁差。

在5世纪以前，我国还没有发现岁差现象，都以为太阳（实际是地球）从头一年的冬至到下一年的冬至的一周天，正好是一周岁。也就是说，那时人们认为每年的冬至，太阳又回到原来的位置上了。到东晋的时候，有一位很有名的天文学家虞喜，一生不愿做官求禄，爱好天文，长期坚持天文观测。他把自己的观测记录和古代记录下来的星辰位置，特别是冬至点的位置进行了仔细的比较，结果发现古今不同。太阳从上一年的冬至到下一年的冬至，并没有回到原来的位置。于是他就将此现象叫做了岁差。这是我国天文史上的一项重要发现。

虞喜通过观测和详细计算，求出岁差的值每50年向西移动1度（我国古代把圆周分为365 1/4度）。这个结果虽然比实际大了些，但却是我国天文学史上第一个岁差值。

　　岁差的发现本来对历法改革有巨大意义，可是在100多年里，研究历法的人都置之不理。在祖冲之以前，没有一个人把岁差引进历法。祖冲之是这样做的第一人。他根据自己的实际观测和计算结果，首先证实了岁差现象的存在，同时还求出冬至点每100年向西移动1度（这个数值比实际有较大误差）。他在编制《大明历》时，就把岁差引进到历法中去。这是我国历法最早对岁差的应用，在我国历法史上有划时代的意义，也是祖冲之在历法上的卓越贡献之一。

　　由于历法中应用了岁差，所以"回归年"和"恒星年"才能区别开来。回归年就是太阳连续两次经过春分点所需要的时间。我们知道春分点和秋分点是天球赤道（地球赤道面与天球的交线）与黄道的两个交点。地球在运动过程中由于受其他天体的吸引作用，略微地改变着地球自转轴的方向。使春分点和秋分点在黄道上慢慢地移动着。因为春分点和秋分点在黄道上移动，冬至点和夏至点也就随着在天空中的恒星间移动，全部二十四节气发生的时刻的位置（都在黄道上）都在动，因此冬至点、夏至点的移动也就是岁差，与春分点、秋分点的移动一样。所以回归年又叫做"太阳年"，也就是一周天。恒星年就是太阳连续两次经过某一恒星所需要的时间，即地球绕太阳公转的一个周期，也就是一周岁。这两种"年"相差很少。

  回归年和恒星年的区别首先被祖冲之注意到了。他通过实测和计算，求出了这两种"年"的日数。祖冲之非常精确地测出一回归年的日数是365.24281481日。现代天文学所测一回归年为365.24219879日，祖冲之的结果和这个数字只差约50秒，一年中仅有六十万分之一的相对误差。这是多么精密的结果啊！

  这样，历法就准确多了。

唇枪舌剑的大辩论

祖冲之通过自己的观测和研究，千辛万苦地编出《大明历》。其中虽然不免还存在一些缺点，但是有不少革新和创见。自从将《大明历》交到朝廷后，他一直盼望着能早日推行，让天下的农民得到最佳的时令，使他们辛勤的劳动得到丰硕的果实。

那天傍晚，他望着山上的红叶。如火如荼的枫叶，有的浅红，有的深绛；有的作橙黄，有的作朱砂；经霜以后，越发显得鲜艳。登峰而望，千峦起伏，尽出足下；峰临长江，风帆隐现。似乎有人对他说：

"江面上的黑影不是阴影，而是梦；迷人的江水以及那离奇的光辉，深不可测的天空和忧郁而沉思的江岸，都在述说我们生活的空虚。但人世间毕竟有一种高尚、永恒、幸福的东西啊！"

是呀，自己几十年的辛苦劳动不足惜，百姓成年累月的劳作毁于一旦，才是最痛心的！眼望着港湾，两岸良田万顷，阡陌纵横，他不由得又想起了《大明历》。若百姓们能准确掌握二十四节气，全国类似这样的万顷良田，该是何等丰收的景象呢！

面对着锦绣河山，他心潮起伏，百感交集。他再也无心观赏景物，他的心早就飞到《大明历》的命运如何中去了。

当时的宋孝武帝对历法并不太懂，无法判断《大明历》究竟是不是比《元嘉历》更好些。这一天早朝，宋孝武帝对群臣说：

"祖爱卿呈上《大明历》，众家爱卿议一议该如何是好？"

宋孝武帝这样做，本来不失为一种比较明智的举措。但由于天文历法是一门专门的学问，真正懂的人很少。有些人虽然也粗通一些，但要说到精深的地方，也就只能望洋兴叹了。因此，面对《大明历》，满朝文武竟然一时间都说不出个所以然来。

这时,有位叫戴法兴的人出班奏道:

"依臣之见,《大明历》不可用。《元嘉历》乃祖宗之法,不可轻易废弃。"

戴法兴官居太子旅贲中郎将,也就是太子的师傅。他曾做过专管内务的大臣,所以深得孝武帝宠信,权重一时。这位大臣的文才不错,对历法也懂,但不精深。可能是因为颇有才名而过于自负,经过如此一说,还有谁能提出反对意见呢。

祖冲之闻听,心中立刻好似悬了起来。他马上意识到《大明历》可能被扼杀在摇篮中。面对这位权势熏天、炙手可热的权臣,祖冲之毫不畏惧。于是,一场辩论开始了。从气氛上看,十分激烈。一来一往,互不相让,双方的出言吐语也都毫不客气。戴法兴说:

"冬至时的太阳总在一定的位置上,这是古圣先贤测定的,是万世不能改变的。祖贤弟以为冬至点每年有稍微移动,是诬蔑了天,违背了圣人的经典,再者通行的19年7闰的闰法乃古圣先贤所制定,永远不能更改。"

"19年7闰已经远远不能适应现在生产的需要。农民辛苦一年,到头来常因节气不准而前功尽弃。我任从事多年,亲眼看到百姓的疾苦,亲眼看到百姓深受其害。我们身为朝廷命官,怎能无动于衷呢!"

戴法兴闻言,愤怒地说:

"简直是个浅陋的凡夫俗子、没有资格来谈改革历法。"

祖冲之对权贵们的攻击丝毫没有惧色。他根据古代的文献记载和当时观测太阳的记录,证明冬至点是有变动的。他说:

"事实十分明白,怎么可以信古疑今呢!"

他又详细地举出多年来亲自观测冬至前后各天正午日影长短的变化。精确地推算出冬至的日期和时刻,以此说明19年7闰是很不精密的。他责问说:

"旧的历法不准确,难道还应当永远用下去,永远不许改革吗?谁说《大明历》不好,应该拿出确凿的证据来。"

当时,戴法兴指不出新历法到底有哪些缺点,于是就争论到日行快慢、日影长短,月行快慢等等问题上去。祖冲之一项一项地据理力争,都驳倒了他。

从具体的内容看,双方的论点是明显的。戴法兴的诘难,还是只能引用《诗经》、《尚书》来作证,并没有能否定《大明历》的确凿证据。而他的出发点，核心就是"古人制章，此不可革"、"古法虽疏，永当循用"。再看祖冲之的辩论，就十分难辩，一连串的数据使得他的论点像磐石一样坚固。对于戴法兴的诘难，祖冲之一再说"浮词虚泛，窃非所惧"。"愿闻显据，以核理实"。对于戴法兴蛮不讲理地坚持古法反对新历，祖冲之感到又可气又可笑。他愤然反唇相讥：

"若'古法虽疏，永当循用'之谬论成立，那么，《四分历》还可以使用了？"

《四分历》是东汉时编制的，到三国时就停止使用了，它的不足之处是很明显的。因此，面对祖冲之的反诘。戴法兴实在无言以对，便蛮不讲理地说：

"新法再好也不能用。"

祖冲之并没有被戴法兴这种蛮横态度所吓倒，更坚决地表示：

"绝不该盲目迷信古人，既然发现了旧历法的缺点，又确认新历法有许多优点，就应当改用新的。"

在这场大辩论中，许多大臣被祖冲之精辟透彻的理论说服了。但是，他们因为畏惧戴法兴的权势，不敢替祖冲之说话。这时，有一个叫巢尚之的大虑站出来说：

"《大明历》是祖贤弟多年研究的成果，根据《大明历》来推算元嘉十三年、十四年、二十八年、大明三年的四次月食，都很准确。而用旧历法推算的结果，误差很大。《大明历》既然由事实证明比较好，就应当采用。"

这样一来，戴法兴哑口无言，祖冲之取得了最后胜利。

宋孝武帝决定在大明九年（465）改行新历。谁知大明八年，孝武帝死了。接着，朝廷内发生变乱，改历这件事就被搁置起来。一直到梁朝天监九年（510），新历才正式采用。那时，祖冲之已去世10年了。

发展了同余式组

早晨,东方现出了一片柔和的浅色和鱼肚白。祖冲之早早起来,舒展着身子。他望着黎明的玫瑰色彩,若有所思。天空种种奇妙的颜色,对他来说都已了如指掌。几十年来他已经与天结下了深厚的友谊。

"父亲!"祖冲之没有回头就知道是自己的儿子祖恒。祖恒看到父亲今日如此轻松,感到很奇怪。因为在他的印象中,父亲常常是伏案读书写字,再则便是观测。这些几乎是他生活的全部。看到父亲今日情绪很好,祖恒便见缝插针地问道:

"父亲,那天我在书房发现您在计算一种'同余式组'。孩儿从未听说过呀？"

　　祖冲之看着儿子，心里有一种说不出的欣慰。他已预感到儿子对数学要比自己灵敏得多。由于历法改革离不开数学，他才在数学上下工夫，可总是觉得力不从心。昨夜他又研究了半宿，觉得浑身有些疲劳，才出来走走。听到儿子的问话，又勾起他的兴趣。于是，他便滔滔不绝地讲给儿子听：

　　"古代历法计算中，常常要设想一个'上元'。上元就是要在远古时代找到这样的一个甲子年：这年的冬至节气正好是个甲子日半夜零时，朔旦也在这个时刻，这个甲子日所在的年度就叫做'上元'，从上元到制订历法的那一年的全部年数叫做'上元积年'。由制订历法时所在的年度去求上元积年（也就是求上元），就要解一组同余式，计算很复杂。何谓同余式组呢？首先说同余式，设a,b同余，用记号a≡b（mod p）表示，例如7与12同用5除，都余2，即它们是以5为模同余，7≡12（mod 5）。而同余式组则是通过一组同余式求出某一个数，例如在《孙子算经》中有这样一个问题：'今有物不知其数。三三数之剩二；五五数之剩三；七七数之剩二，问何几何？'这个'物数'需要满足三个同余式，设其为x，就是

　　x≡2（mod 3）

$x \equiv 3 \pmod 5$

$x \equiv 2 \pmod 7$

这是数学史上赫赫有名的'中国剩余定理'。

求上元积年一般需要解两个同余式组成的同余组，设x为上元积年，a回归年日数，p为朔望月日数，r1为制历年冬至到本年甲子日零时的时间，r2为冬至到本年朔旦的时间，于是有

$ax \equiv r1 \pmod{60}$

$ax \equiv r2 \pmod p$

其中60是从甲子日到甲子日的周期。"

"父亲，您这样把同余式组引进天文历法中，也算是一大发明吧？"

祖冲之笑着说：

"这可不算发明。我只是利用了同余组而已。我可以运用它来求上元积年，不但可以计算冬至、朔旦，还可以考察日、月、五大行星的位置哩。"

祖恒惊讶地说：

"父亲，我明白了！"

祖冲之望着儿子那天真无邪的样子，那白白净净的皮肤，不由得想起了妻子。当年，他妻子还是小姑娘时，常

到祖家作客。他们是表亲,妻子总是亲切地叫他表哥。有一天,他们在果园玩耍,不知从何处窜出一条狗,向表妹奔来。她吓得面如土色,叫喊起来。祖冲之闻声赶到,打走了那条狗。表妹向他奔来,他抓住她的一只手。他突然感到一股温存的热流从头暖到脚。他觉得表妹比往日更加美丽,更加妩媚了。那么苗条,那么纯洁、恬静,他握着她那细嫩的小手不愿放开。这时,无意中他发现弯弯一角月牙,正在西天垂挂着,距离月尾不远处缀着几颗闪亮的小星星。

他突然发现了什么,不由自主地喊道:

"今日是阴历十六,怎么会是月牙呢?"

表妹被他这突如其来的喊声惊呆了,不知所措地问:

"什么十六呀月牙的!你在说些什么呀?"

祖冲之解释说:

"我是说今日是阴历十六,月亮本应是圆的,怎么成了月牙呢?"

他思忖片刻,惊喜地说:

"我知道了,肯定是月偏食!"

说着,拉着表妹的手说:

"走!我们回家吧,我有好办法让你看一样东西。"

……

"父亲，你在想什么呀？"

祖冲之拍了拍儿子的肩头说：

"我想起一件往事，那时我也像你这么大。"

说到这里，他摇摇头没有再说下去。但从他的表情上可以看出，他的心中是甜甜的。

祖冲之发明这个算法大概是在3世纪。他在他的《大明历》中就是通过解同余式组来求上元积年，而且复杂程度远远超过了前人。他对上元的选择，条件更加严格，除了上述冬至、朔旦时刻外，还把日、月、五大行星的位置同时加以考察，寻求它们"同出一元"的时间。那个时间日月同升，五大行星运行到一个方向，即所谓"珠联璧合之征"的时刻。祖冲之选择这样的一年为上元。在这些条件下去求上元积年x，需要解由11个同余式组成的同余式组。计算过程十分繁重，但是祖冲之却把上元积年x求出来了。这个事实说明祖冲之具有很高的数学水平和高超的计算能力。

同余式起源于历法计算，进一步证明天文历法研究是推动数学发展的一种动力。祖冲之虽非我国第一个研究同余式的人，但他发展了同余式组，对此做出了很大贡献。在外国，要到18世纪，欧拉（1707—1783）、高斯（1777—1855）等人才研究这类问题，比祖冲之晚1000多年。

圆周率计算的接力赛

刚下过雨,空气清新,祖恒鼻翼扇动,猛吸了几口气。他觉得自从随父亲来到南徐州后,又长高了许多,身体也比以前强壮了。他刚才在房间里看书,发现雨后天晴,便出来舒展着身子,享受着清爽的空气。这时,老仆人走过来说:

"少爷,刚才我在市上买东西,听一个当差的说,刺史大人要调回京城到皇帝老子身边做官了。"

祖恒继续活动着身子说:

"刺史大人回京与咱们有何相干?"

老仆人神秘兮兮地凑近祖恒身边说:

"少爷，你不晓得星星跟着月亮走吗？"

祖恒不解地问：

"什么意思？"

"老奴的意思是说老爷是跟随刺史大人来到南徐州的，如今他要回京城，难道还会不把老爷带回去吗？"

一句话提醒了祖恒，他立刻高兴地说：

"这么说我们也可以回京城了，可以回家了，可以看到爷爷、奶奶了！"

他高兴得跳起来，老仆人的眼泪在老脸上一行行地往下淌，祖恒惊讶地问道：

"你怎么哭了？"

老仆人兴奋地说：

"我是高兴啊！"

不久，刘子鸾果然调回京城，在朝廷里兼任管理民政的长官司徒。司徒主管民事，负责征发徒役并兼管劳役和田地耕作。于是祖冲之又在司徒府做了公府差军。做州的从事和司徒府的公府参军，祖冲之算是进入了仕途。

这一天，没有风，天空是蔚蓝的。太阳照耀着这深绿色的平静的湖面，活像一面平平的、反光的镜子。

在湖边，祖氏父子正在漫步。祖恒今日特意将父亲引到此处换换脑子。

近日，祖恒见父亲整日伏在案上摆弄着筹码，有时从早晨一直摆弄到午夜。见父亲日见消瘦，时而发出咳嗽声，他越发觉得父亲已经衰老，背有些驼，腰有些弯，气力不如前时了。他非常理解父亲，却又为他担心。他知道父亲为了历法又遇到了数学问题了。一定是很难的问题，一般情况是难不倒父亲的。他暗暗下定决心，要协助父亲，为他老人家分担一点工作，也好减轻父亲的负担。

于是，他将父亲引出来，让那些整日占据着父亲的筹码，暂时休息片刻。让大自然还给他一个完整的父亲。祖冲之哪里知道儿子的良苦用心呢！他摸着胡须，想起儿时常来此玩耍。他清楚地记得每当有星光的夏夜里，吹着一点微风，长长的湖面便跳跃着许多闪光的星点。那时，他总是呆呆地看着，久久不愿离去。每当这时，他就有一种成仙的感觉。这湖好似银河一般，自己仿佛做了神仙。

他情不自禁地感叹说：

"此湖可以和天上的银河媲美啊！"

祖恒在旁不知其所以然，于是反驳说：

"它比银河更富于风韵。每当下起雨来，这湖更是迷人。那是银灰色的朦胧一片，像半醒的美女，又像带泪的婴儿那么单纯，那么可爱。它那雄浑的气魄，启发着人们懂得用力量去冲破困难，去追求光明。"

祖冲之看了儿子一眼说：

"这湖能有这么大的作用吗？"

祖恒为了转移父亲对那些筹码的专注，便故弄玄虚地问：

"父亲，您可知这湖叫什么名字？"

祖冲之听了，啼笑皆非。心想：我自小常到此处来玩耍，怎能不知此湖的名字呢？想到这里，他脱口说道：

"此湖乃石城湖。"

祖恒摇着头说：

"非也，此湖叫莫愁湖。"

祖冲之莫名其妙的地望着儿子问：

"何出此言？"

祖恒得意洋洋地说：

"这里还有一段小故事哩。"

祖冲之真的被儿子蒙住了，他急切地问道：

"有何故事？"

祖恒见父亲真的上了道，心中有说不出的高兴：

"据说有个少女住过这里。她勤劳、聪明、善良、美丽，但她身世很悲惨。她从河南洛阳嫁到石城的卢家，婚后不久，丈夫就应召远征。莫愁姑娘因生活无着落，便自己耕种一块地，但因节气有误，一连几年不见收成。莫愁姑娘过着非常艰苦的日子，后人由于对莫愁十分同情，把这个风景秀丽的湖泊和这位善良美丽的姑娘联系在一起，称它为莫愁湖。"

祖冲之闻听，长叹一声说：

"真难为这位姑娘了！若是能早日推行《大明历》，百姓受益匪浅啊！"

祖冲之的脸上立刻罩一层阴影。祖恒感到非常后悔，他本来想将父亲引出来散散心，让他把什么历法呀、天文呀、数学呀……统统丢到九霄云外去，彻底放松一下子，没想到又扯到《大明历》上来了。自己想来也很可笑，父亲真是三句话离不开本行，不知不觉就溜到那里去了。此时的祖冲之像中了魔似的，有板有眼地讲起来：

"在劳作和生活中常常要计算圆面积、圆柱的面积、圆锥体积等等，在计算中总要用到圆周率 π，它是圆的周长与直径之比。一个小小的圆周率，外行人看着似乎并没有什么惊人之处，而熟悉它的人才知道它的精确数目是多么不容易求啊！"

祖恒听了父亲的话，频频点头说：

"父亲所言极是。世上的事都是如此，不管何事，看其表皮都觉得无所谓，叫起真来可就有学问了。不知有多少饱学之士曾为它呕心沥血啊！"

祖冲之听了儿子的话，觉得很有道理，便问道：

"你也在研究圆周率吗？"

祖恒歉意地说：

"不敢说研究，我只是看了看。"

祖冲之听了儿子的回答，颔首说：

"你可知圆周率最早出自何处？"

祖恒不假思索地说：

"当然应该是公元一百多年成书的《周髀算经》，此书中有'周三径一'的记载，即圆周率为3。这当然是很不精确的。但它是最早的。

祖冲之不解地问：

"你怎么也研究起圆周率了呢？"

祖恒笑着说：

"常言道：有其父必有其子嘛。孩儿的血管流着父亲的血，怎能没有一点遗传呢！"

祖冲之欣慰地说：

"你说的一点都没错。后来，王莽时，刘歆制律嘉量，用的圆周率为3.1547和3.166这两个近似值。东汉著名的大科学家张衡则提出了'10的平方根'和92/29这两个近似值。这些，都比'周三径一'是大有进展了。"

祖恒接着说：

"他们是如何计算出这些数值的？"

祖冲之若有所思地说：

"他们的计算方法都已经失传了。先人的东西没有流传下来，很是遗憾！到三国时期，魏国的数学家刘徽确立了圆周率的科学计算方法割圆术。具体方法是用逐渐增加的内接正多边形来逼近圆周，即先作六边形，再作12边形，再作24边形……，如此一直进行下去。再用这些内接正多形的面来除以圆半径的平方，就得出了圆周率的近似值。而分割得越多，所得的圆周率也就越精确。当这个内接正多边形增加到无限多的时候，就几乎与圆周重合了，得到的圆周率就是最精确的数字。用割圆术求圆周率，是数学上极限思想的体现。眼下没有比此法再好的方法了。"

祖恒说：

"用割圆术计算，其过程如此复杂，一个数学家即使用尽毕生的精力,也很难到达极限呀!"

祖冲之颔首说:

"是呀,刘徽用毕生之精力才计算到内接192边形,得出圆周率在3.14+64/625与3.14+169/625之间。去掉尾数,得3.14或化为157/50。数学界将这个数值称为'徽率'。"

祖恒摇着头说:

"谈何容易啊!他几乎数了一生筹码呀!"

祖冲之正色说:

"我总觉得他计算的结果不够理想,我要接过他的接力棒继续计算,争取得到更精确的结果!"

可是,好景不长。公元464年5月,南朝宋孝武帝刘骏因病去世。刘骏去世当天,太子刘子业在群臣的簇拥下,举行了登基仪式。

刘子业年时爱读书。初因年幼,居于永福省。公元458年入居东宫。他生性急躁,常惹其父不满。他的生身母亲王皇后也逐渐不得刘骏宠爱。殷淑仪因年轻美貌而宠倾后宫,她的儿子刘子鸾出生后,也深得刘骏的喜爱。而刘子业在父亲眼中,更成了横竖不顺眼的不可雕琢的朽木了。一次,刘骏起驾西巡,刘子业写信请安,字迹有些潦草，被刘骏狠狠责备一通。刘子业心中惶惧，连忙认罪。刘骏不满地说：

"你的字不长进，此是一条。听说你平素懈怠，脾气越来越暴躁，怎么如此顽劣呢！"

刘子业听了，心里虽然不高兴，表面却只有唯唯听命而已。后来，刘骏打算废掉刘子业，另立刘子鸾为皇太子。侍中袁顗极力谏阻，盛称"太子好学，有日新之美"，刘骏也考虑到随意废立太子于社稷不利，于是便打消了废掉刘子业的念头。但这一举动对刘子业震动太大了，致使他始终对父亲和八弟刘子鸾耿耿于怀。

刘子业即位不久，10岁的襄阳王刘子鸾被赐死。祖冲之也被调到娄县（在今江苏省昆山县东北）担任县令。

从此，祖冲之虽然生活很不安定，但他仍然继续坚持学术研究。

祖冲之不分昼夜，整日摆弄着筹码。在那些日子里，他不知道什么时候是白天，什么时候是黑夜。

用割圆术来求圆周率的方法，大致是这样：先作一个圆，再在圆内作一内接正六边形。假设这圆的直径是2，那么半径就等于1，内接正六边形的一边等于半径，所以也等于1；它的周长就等于6。如果把内接正六边形的周长6当做圆的周长，用直径2去除，得到周长与直径的比π=6/2=3，这就是古代π=3的数值。但是这个数值是不准确的。

如果我们把内接正六边形的边数加倍，改为内接正十二边形，再用适当方法求出它的周长，那么我们就可以看出，这个周长比内接正六边形的周长更接近圆的周长，这个内接正十二边形的面积也更接近圆的面积。从这里就可以得到这样一个结论：圆内所做的内接正多边形的边数越多，它各边相加的总长度（周长）和圆周周长之间的差额就越小。最初，我国劳动人民从实践经验中知道用3做圆周率值，即古代所说的"周三径一"，虽然比较粗略，但却是一项重要发现。

到西汉末年，由于建筑工程、机械制造、改进容器的精确程度以及天文历法研究工作等等的需要，粗糙的"周三径一"已满足不了实践的要求了。王莽时，刘歆受命造标准量器律嘉量。其精度要求很严。量是圆柱形，计算容积时就用到了圆周率。刘歆没有用3，而是用3.1547或3.166为圆周率的近似值。到东汉时候，科学家张衡在历法研究中曾用10的平方根（3.1622）和92/29这两个数作为圆周率值，其中10的平方根是世界上最早的记录。东汉末年，蔡邕（133—192）认为 $\pi>25/8$（3.125）。三国时，吴人王蕃（219—257）由于研究天文的需要也曾以142/45（3.155…）为圆周率值。这些新值比 $\pi\approx3$ 是好了一些，但还不够理想，而且可能都是从经验上试验得到的，而不是用科学方法求得的。

到三国时代，由于考核度量衡和天文历法研究的需要，终于建立了圆周率的科学计算法——割圆术。首先用这种方法计算圆周率值的是我国历史上最杰出的平民数学家刘徽，他在公元263年注解《九章算术》这本数学书时，把割圆术详细地记录了下来。刘徽割圆术求圆周率的基本内容是这样的：

在单位圆（半径为1尺）内作内接正六边形，然后倍增边数，依次求出圆内接正12边形、正24边形、正48边形、正96边形和正192边形的面积。后两者的面积各为313584/625（平方寸）和31464/625（平方寸），设S为圆面积，刘徽有下面的式子：

31464/625<31464/625+31464/625-313584/625或31464/625<S<314 169/625

他在这时弃去分数部分，把314（平方寸）取做圆内接正192边形的面积。因为已经假定圆半径r为1尺，以

r^2=100（平方寸）去除314则得3.14，这就是π的近似值。刘徽又用几何方法把3.14化为157/50，后人称他为"徽率"。他还清楚地看到："圆的内接正多边形的边数越多，它的面积和圆面积之间的差数就越小；当内接多边形的边数增加到无限多时，多边形就与圆重合在一起，它的面积和圆面积之间的差数也就没有了。"这已经具备了近代数学上的极限观念，是我国数学史上一项光辉的成就。

由于考核度量衡和天文历法计算上的实际需要，祖冲之在前人的基础上深入研究了圆周率。

月亮升起来了，庭院里稍有些凉爽了。祖冲之头不抬眼不眨地忙碌着。只见他两手不停，不一会儿，在他的周围摆成了规则的内接正六边形，好似八卦阵。摆着摆着，在他的身子下面就摆成了一大片。他像坐在八卦阵里的大蜘蛛，又好似铺了一张米黄色的地毯，他在当中打坐，祈求上苍保佑天下的百姓过上安居乐业的日子。这乍一看很简单，其实需要长年养成的熟练和灵巧，而在他手里干得麻利极了。

祖冲之用一种神经质的急促动作卷起衣袖，把一把把筹码迅速地变成规则的多边形。他有时兴奋得眼睛冒着异样的光，这是由于要实现心爱的梦想，心痒难熬。

……

他一边摆弄着，一边叨念着，这里放几根，那里放几根，总是放得恰到好处，简直可以说是一幅新的图画，而且是沐浴在光辉中的一幅图画。他用那么高涨的热情工作着，以致汗珠布满了他的前额；他的动作焦躁、突然而短促，进行得很快，以致年轻的祖恒看来，仿佛有一个魔鬼附在父亲身上，用他的手动作，而且是违反他的意志、想入非非地抓住他的手在动作。他的眼神是那样的专注和投入，他的抽搐似的动作仿佛是在抗拒魔鬼。这一切都触动了一个青年人的想象力，给他想象的东西增加了逼真感。

功夫不负有心人，这个接力棒传到祖冲之手里，经过他艰辛的努力，终于求出了当时世界上最好的近似值。他学习过《九章算术》和刘徽注文，并且自己也给《九章算术》作了注解。祖冲之在研究《九章算术》的时候，从刘徽注文中学到了割圆术这种求圆周率的科学方法。可是他认为刘徽的结果 $\pi=157/50$ 还不够精确。于是，他利用割圆术，在刘徽的基础上继续推求，一直计算到圆内正接1536边形的时候，得出圆周率3.1416。把它化成分数形式，就是3927/1250。这个结果是当时世界上最好的，印度古代著名数学家老阿耶波多（Arya-bhata）后来也在自己的著作中引用了这个数值，但比祖冲之晚了好几十年。

祖冲之得到这个结果，自然很高兴。可是他并没有满足，而是继续进行了研究，终于得到了更出色的成就。

祖冲之在圆周率方面的更好的成就，在唐初官修的一部历史书《隋书》中保留了下来，并且传到现在。《隋书》卷十六"律历志"中有这样一段记载："古之九数，圆周率三，圆径率一，其术疏舛。自刘歆、张衡、刘徽、王蕃、皮延法宗之徒各设新率，未臻折衷。宋末，南徐州从事吏祖冲之更开密法。以圆径一亿为一丈，圆周盈数三丈一尺四寸一分五厘九毫二秒七忽，朒数三丈一尺四寸一分五厘九毫二秒六忽，正数在盈朒二限之间。密率：圆径113，圆周335。约率：圆径7，周22。"

这段话包括三部分，第一部分是说古代数学中，以3为圆周率值，很粗糙。第二部分是说刘歆、张衡等分别采用新的近似值，但也都不理想。第三部分是说刘宋末年在南徐州做从事吏的祖冲之"更开密法"，把一丈那么长的圆径分成1亿微，求出圆周长的"盈数"（过剩近似值）和"朒数"（不足近似值），而圆周率在"盈朒二限之间"，即：

$3.1415926 < \pi < 3.1415927$。

密率为：$\pi=355/113$（化为小数是3.1415926）

约率为：$\pi=22/7$（化为小数是3.1415927）

祖冲之是我国数学史上第二个用"盈肉二限"来限制一个无理数的大小范围的数学家。上面的不等式是说明无理数π的值不会超出那两个固定数（常数）3.1415927和3.1415926之外。这种方法也是现代数学研究中所常用的。因此，祖冲之在使用这一方法方面也有一定意义。如果我们取盈肉二限的相同部分，即取3.141593作圆周率的近似值，已经准确到小数第六位；如果取二限的平均值，即（3.1415927+3.1415926）÷2=3.14159265作为圆周率的近似值，就准确到小数第8位。这些都是当时世界上最好的结果。900多年以后，中亚数学家阿尔·卡西求出圆周率值的前16位小数，才超过了祖冲之。

至于密度$\pi=355/113$的求得，更是世界数学史上的伟大创造。用分数355/113来作为圆周率的值，在外国要到16世纪。公元1537年德国的渥脱（Valentin Otto）重新求出355/113；也有人说是荷兰人安托尼兹（A.Anthonisz, 1527—1607）所求得。因此，在欧洲常常有人把355/113称为"安托尼兹率"。但是，都比祖冲之的同一结果晚了一千年以上。因此，世界上公正的人士认为应该把发现

355/113的荣誉给予祖冲之，例如日本的三上义夫就建议把它叫做"祖率"。

祖冲之的"盈肉二限"和密率、约率都是沿袭刘徽的割圆术。其实祖冲之不仅继续刘徽的从圆内接正六边形起算，而且他又加以推广，同时从外边正六边形起算。此外，祖冲之直接去求周长，而不是去求面积。

圆内接正六边形的周长永远小于圆的周长，设L_n为圆内接正n边形的周长，D为圆的直径，L_n与D之比就是圆周率的不足近似值，即

$L_n/D < \pi$。（1）

同样的，圆外切正多边形的周长永远大于圆的周长，设L_n'为圆外切正n边形的周长，那么L_n'与D之比就是圆周率的过剩近似值，即

$L_n'/D > \pi$。（2）

由（1）和（2）很自然地得到

$L_n/D < \pi < L_n'/D$，（3）

$L_n/D <$ 和L_n'/D就是"盈肉二限"。从正六边形起算倍增边数到12次，求到圆内接正6×2^{12}（=24576）边形时，得周长L_{24567}为314159261，而D=100000000，于是有：L_{24576}/D=3.14159261。因是内接，故得3.14159261<π。

同样求到外切正$6·2^n$（=24576）边形时，得周长L_{24576}'为3141592702，得

$\pi < 3.141592702$。

按四舍五入法则舍去上两个不等式小数第七位以后的奇零，并不影响不等式的成立。祖冲之就这样得到了他的"盈肉二限"：

$3.1415926 < \pi < 3.1415927$。

祖冲之使用下面的方法，求出他的密率和约率：

祖冲之在一系列割圆计算当中，得到许多圆周率近似值。由于他求出盈肉二限之后，就没有再往下计算，所以他所求出的那许多圆周率近似值的准确位数都少于盈肉二限。如果用分数来表示就比较容易。原来刘徽就把3.14用几何方法化成157/50。祖冲之在注《九章算术》时也曾把3.1416化成分数3927/1250。后来他可能还是用类似方法把许多圆周率值化成分数形式，而其中22/7和355/113两个分数很整齐，便于记忆，就把它们保留下来。这两个分数值都大于圆周率真值，因而是由圆外切正多边形求得的。计算到圆外切正96边形时得到$\pi = 3.14271459\cdots$，和22/7（=$3.14285714\cdots$）只差$0.00014255\cdots$，故疑22/7由3.1427化得；又当求到

圆外切正6144边形时，得 π =3.14159295…，和355/113（=3.1415929…）相差极微，故疑祖冲之由小数3.1415929化为分数355/113。因为22/7=3.142857只准确到小数点后第二位，是粗糙而约略的，所以祖冲之便称22/7为"约率"；而355/113=3.1415929…比约率精密得多，故称"密率"。

比刘徽更早推算圆周率的，是我国汉代的经学家和数学家刘钦，距今约两千年。后又经过祖冲之和阿尔·卡西的接力赛，圆周率的计算越来越精确了。

圆周率为百姓造福

小径转了个弯,正好通向下沉的太阳。一轮庞大的红日,围着镀金边的狭长明亮的云带,斜挂在天空中。树梢看起来像被点燃了,太阳向花园里倾泻着它那橘红色的光辉。

祖冲之站在书房窗下,手中握着筹码,两眼直愣愣地望着倾泻到花园里的余晖。筹码在他的手中被不停地摸索着。他突然急转身向几案上扑去,自言自语道:

"没错!约率为22/7,密率为355/113。"

当祖冲之突然意识到自己已经得到了世上最精确的数字时,他惊得张开嘴,半天合不拢,祖恒坐在一旁仍然摆弄着筹码，听到父亲似乎在唠叨着什么。他无意中抬起头，见到如此情景，感到莫名其妙。当他完全明白过来是怎么回事时，他高兴地站起来，心怦怦地跳，激动得眉飞色舞。他孩子般地奔向父亲，紧紧搂住父亲。这时，母亲走进来，想唤他们吃饭，见此情景，也莫名其妙地望着他们。祖恒又冲过去搂住母亲说：

"父亲成功了！"

祖冲之望着妻子和儿子，心想：我把这天要像记生日一样记下来。祖恒看着父亲那笑容，这不只是一丝笑容，简直是换了一个人。他整日皱着的眉头骤然舒展开来，眼前突然一亮，宛如一缕缕红色的晨光驱散了黎明前的黑暗，照亮了心头的雪峰，给它抹上了一层欢快的色彩……

看到父亲的神态，祖恒欣喜若狂。妻子望着丈夫和儿子，心中有说不出的欣慰。多少年来，丈夫含辛茹苦。为了这个愿望，他不知吃了多少苦，熬了多少不眠之夜，手中的筹码摆弄了上万次。在那些筹码上，凝聚了他多少血汗啊！能有今日真是来之不易呀！

祖恒兴奋地说：

"父亲此番可以休息休息了！您了却了终生的宿愿，总算可以告一段落了。"

祖冲之笑着摇了摇头说：

"怎能休息呢？还有许多事要做哩。"

母子俩莫名其妙地望着祖冲之问：

"还有何心愿？"

祖冲之舒展着身子说：

"我之所以研究圆周率是想研究度量衡。你们有所不知，乡间的百姓非常辛苦，他们面朝黄土背朝天，祖祖辈辈没日没夜地劳作，一年到头打点粮食却被那些大户算来算去，都进了他们的粮仓。一家老小仍然是两手空空。每当我看到这些，心中总是愤愤不平，可又奈何不了他们。于是，我就想出了这个办法，研究出准确的度量衡，世上就有公平所在了，何人还敢无理？"

此时，祖恒觉得父亲似乎高大了许多。他更加钦佩眼前的父亲了。他从小就觉得父亲什么都知道，什么都懂，就连天上有几颗星他都了如指掌。他上知天文，下知地理，几乎没有他不知道的。随着年龄的增长，他更加觉得父亲身上有一种无穷无尽的力量，一种永远使不完的力量。这就是毅力。他凭着这股毅力，不管刮风下雨，不管春夏秋冬，每日坚持观测，长达10多年。积累起来的数据堆了一间仓房，别人看来杂乱无章，其实是井井有条。他终于在那纸堆里完成了《大明历》。此番又没日没夜地研究圆周率，像中了魔似的。每当遇到困难时，他从不气馁。自己一直不能理解父亲这股劲是从何处而来？今日突然明白，他心中装着百姓，他时刻想着百姓。所以他不知疲倦，不惧任何强大的恶势力。如果朝中的大臣都像父亲这样心中装着百姓，天下的百姓就不会像现在这样了！他似乎看到父亲的头上发出圣洁的光。

祖冲之看到儿子和妻子都用异样的目光看着自己，便问道：

"你们为何这样看着我呢？"

祖恒不假思索地说：

"朝中的群臣都像父亲这样，天下就太平了。"

祖冲之脱口说道：

"你觉得父亲很伟大吗？其实很平常。我从小就受到正统儒家文化的教育。儒家经世致用、造福百姓的思想在我的心上刻上了深深的印痕。父亲的所作所为都是天经地义的。"

祖冲之在圆周率方面的研究，适应了当时生产实践的需要。他亲自研究度量衡，并用最新的圆周率成果修正了古代的量器容积计算。他死后，人们又用他的成果制造量器。

古代有一种量器叫做"斛",外形呈圆柱状,上有口。《隋书》载:"祖冲之以算术考之,积凡一千五百六十二寸半。方尺而圆其外,减傍一厘八毫。其径一尺四寸一分四毫七秒二忽有奇而深尺,即古斛之制也。"这里所说的"以算术考之",就是祖冲之用圆周率研究古代量器的容积。"斛"是容积单位,等于十斗,而"径一尺四寸一分…"系指边长为1尺的正方形的对角线长,即$\sqrt{10^2+10^2}=10\sqrt{2}=10\times 1.410472\cdots$寸,比内圆径两端各多"一厘八毫"(0.018寸)就是"减傍"。由此知圆的直径为$10\sqrt{2}-2\times 0.018$。用圆柱体积公式$V=\pi r^2 h$来计算,$h=10$寸,$V=1562.5$,则

$$\pi\left(\frac{10\sqrt{2}-2\times 0.018}{2}\right)^2\times 10=1562.5$$

据此反求圆周率π,得3.14159265。

祖冲之又用同样的方法考核了刘歆所造"律嘉量"的容积。王莽、刘歆都是复古派,他们的律嘉量是仿照古代的斛造成的,容积计算较复杂,要加上所谓"庣"。刘歆就是由于庣傍弄错和所用圆周率值不精密而使容积不准。祖冲之用最新成果纠正了刘歆的错误。《隋书》载:"律

嘉量斛：方尺而圆其外，庣傍九厘五毫，幂百六十二（平方）寸，深尺，积一千六百二十（立方）寸，容十斗。祖冲之以圆率考之，此斛当径一尺四寸三分六厘一毫九秒二忽，庣傍一分九毫有奇。刘歆庣旁少一厘四毫有奇，歆数术不精之所致也。"这斛的形状与古代的鬴一样，刘歆在计算时不是用的减庣，而是计算外侧的大圆柱，所以用"庣傍"，就是大圆半径与内方对角线的一半之差，由

$$\pi \times 10 \times [10\sqrt{2}+2\times 0.095)\div 2]^2=1620（平方单位）$$

反求圆周率得3.1547。

祖冲之认为这是不精确的，他用自己的成果进行计算，得出庣傍不是0.095，而是0.109+。这样，刘歆的庣傍就少了0.014+。把上面式式中的0.095换成0.109，并且以密率355/113入算，恰得1620（立方单位）。这就说明刘歆的结果不准，由于他采用了过剩的圆周率近似值3.1547（还有的计算是3.166），就使庣傍减少0.014+，从而实际容积比计算结果1620略小。因此，祖冲之批评刘歆的计算是数学家的"剧疵"（大毛病）。祖冲之用密率校正了庣傍，容积才与1620立方寸相符合。

自从王莽向全国颁发律嘉量以来，直到祖冲之的时代，人们经常用律嘉量作标准考核当时的度量衡，所以祖

冲之的研究是有现实意义的。

在祖冲之去世后，人们制造量器时就用到了密率。后周保定元年（公元561）制造玉斗，也是圆筒形的，据《隋书》载，"内径七寸一分，深二寸八分"，"今若以数计之，玉升积玉尺一百一十寸八分有奇，斛积一千一百八十寸五分七厘三毫九秒"。已知圆筒玉升的直径、深度和体积，即可由

$$\pi \left(\frac{7.1}{2}\right)^2 \times 2.8 = 110.85738513\cdots,$$

反求圆周率值为355/113。把上面的结果乘以十，便得出玉斗的容积1108.5739（立方寸）。

这个事实说明祖冲之在圆周率方面的最新成果在当时即已用于社会实践，适应了生产发展的要求。

祖冲之不仅考核过量器，还研究过尺子。"祖冲之所传铜尺"是晋秦始十年（公元274）所造。梁时曾用它校正过当时的尺子，长四分半，又曾用它去校核古代的度量衡。

《缀术》数学杰作

夜已深沉，天空像湖水一样明净，繁星闪着微笑的眼睛，河水脉脉地流，细风轻轻地吹，草虫嘶嘶地叫，四处静悄悄的。只有祖府的书房里闪着微弱的光。

祖府的书房非常宽敞，此时已成了祖冲之的休息室、藏书室、卧室。房间里清静而舒适。漂亮的书案、木椅、书架，全是红松木做的。书房西向，门西边开窗。是几案，几案上整齐地放着纸墨笔砚。此时台上放着厚厚一沓纸，祖冲之正聚精会神地写着什么，儿子祖恒在旁翻阅着什么。只听祖恒说：

"爸爸，开差幂、开差立是什么意思？"

祖冲之时对儿子的提问很高兴，他回答说："开差幂是已知长方形的面积和长、宽之差，用开平方的方法求它的长和宽。开差立是已知长方柱体的体积和长、宽、高的差，用开立方法的方法求它的边长。"

父子二人对数学的研讨，是生活中的一大快乐。

祖冲之在数学方面还有其他成就，并著有《缀术》一书。《隋书》说：祖冲之"又设开差幂，开差立，兼以正圆参之，指要精密，算氏之最者也。所著之书，名为《缀术》，学官莫能究其深奥，是故废而不理。"这是隋唐时期人们对"开差幂"、"开差立"和《缀术》的态度和评价，表明了它们都是当时数学上最先进的成就。

《缀术》六卷（也有说是五卷的），《南史》一书上说有数十篇，可能是祖冲之在天文历法研究、改革度量衡以及注解《九章算术》的基础上逐步写成的。《缀术》是我国历史上很有价值的科学著作之一，内容丰富、深奥，连后来隋代负责数学教育的官员都看不懂，所以"废而不理"。

唐代对《缀术》比较重视，把它列为国立学校数学科的主要教科书。当时数学科分两组：第一组所用教科书是历代相传的《周髀算经》、《九章算术》、《海岛算经》

等，六年毕业；第二组所用教科书是《缀术》和《缉古算经》，七年毕业。其中《九章算术》与《海岛算经》合在一起，规定学习三年，《缉古算经》很深奥难懂，也限习三年。而《缀术》规定学习四年，年限最长。毕业考试的时候，从《缀术》中出六七道题，出题最多。由此可见，《缀术》一书内容的丰富多彩。

《缀术》大概在唐代就传到了日本、朝鲜等亚洲国家，并且也在那里作为教科书使用。

唐朝末年，封建军阀进行分裂割据，国家办的数学教育无法维持下去，数学书也多有散失。到赵匡胤统一全国建立宋朝时，仅有少数传本留传下来。《缀术》一书，不久也就在北宋天圣、元丰年间（1023—1078）失传了。

再造指南车

官道上,一顶小轿缓缓行进着。前头一把红伞,两边跟着数人。轿内坐着一个中年人,生着高高的前额和清秀白皙的长脸,一对发亮的黑眼睛里面闪耀着智慧的光辉,目光又敏锐、又善良,黝黑的浓眉和头发,三绺美髯,使他的面容上显出一股正气。

这时,一个随从走到轿前说:

"大人,马上就进京城了。前面有个小店,还是先休息片刻,再行也不迟呀。"

后面的车子也跟不上来了,一个年轻的小伙子伸出头说:

"父亲，还是先休息休息再赶路吧。"

说着，便下了车。祖冲之见儿子下了车，无奈只得下轿了。

原来，不久前祖冲之接到朝廷圣旨，命他回京担任谒者仆射，这是掌握朝廷宴会、大臣们朝见皇帝以及重大受封典礼的礼节官。这些年来，祖冲之一直在娄县作县令。身为一县的父母官，他一心为百姓操劳。他除了研究圆周率以外，还一心关心劳动生产工具的改进。于是，他在壮年时期的研究方向，几乎完全转到机械方面上来了。

此时的祖冲之归心似箭，他多么想早日回到京城。他从小在那里长大，那里的一草一木他都感到亲切。那里的山川是那么险要，万里长江从西北奔腾而过，巍峨的群山在东南起伏绵延。西边有坦荡辽阔的大平原，东边是锦绣富饶的江南鱼米之乡。那里有山地，有丘陵，有平原，有湖泊，还有大河小溪。那里有发达的文化。那里是天下儒生学士的聚集地，经济繁荣被天下人所称道。

祖恒非常理解父亲此时的心情。他只是觉得一路风尘仆仆，唯恐父亲吃不消，才极力劝说父亲休息片刻再走。

祖冲之回到京城后，谒者仆射这个官职很轻闲。自从他走上仕途之路，现在是最清闲了。他为官几十年，多为地方官。所以他几乎每年都要走上千里的乡间小道，百姓的疾苦时时铭记在他的心中。他的心和他的身体无时无刻不在为百姓操劳。此时的清闲他还有点不习惯。

这一天，管家进来通报道：

"大人，有个姓肖的大人求见。"

祖冲之思忖半晌，想不起这位肖大人是何许人也，只好吩咐说：

"有请肖大人！"

管家领进一个身材高大，浓眉大眼的将军，祖冲之忙说：

"不知肖大人前来，有失远迎！"

这位肖大人是守卫皇宫的禁卫军头目肖道成。他平素耳闻祖冲之博学多才，今日特地登门拜访。祖冲之丈二和尚摸不着头脑，只好热情招待着。肖道成说：

"我耳闻祖大人博学，今日来访有一事相求，不知祖大人可赏脸？"

祖冲之连忙说：

"不敢当，肖大人有事尽管开口，下官一定尽力。"

"末将听说三国时期有个叫马钧的制造过指南车，不知祖大人可否能够重造指南车？"

祖冲之心想：我长期做地方官，经常改进生产工具，已经对机械有所了解。指南车只不过比生产工具复杂些，不妨试试看。于是，他对肖道成说：

"多蒙肖大人如此看重下官，那就先试试吧。"

肖道成走后，祖冲之马上查阅有关资料，挑灯夜战至深夜。

次日凌晨，天空的西北角上还浮着几颗星星，隔墙的柳条儿静静地飘荡着。一切都在甜睡中，只有三五只小雀儿唱着悦耳的晨歌，打破了沉寂。祖恒在后花园活动身子，突然发现父亲也向花园走来，便迎上前说：

"昨晚孩儿见父亲书房至深夜尚未熄灯，今日为何还要早起呢？"

祖冲之舒展着身体说：

"这已成为多年的习惯了，已经无法改变了。"

祖恒看着父亲，无可奈何地摇了摇头，想说些什么，可是没有说出来。父子俩便默默活动着身体。

一会儿，祖恒突然问道：

"听说昨日肖大人委托您制造一种指南车？"

祖冲之颔首说：

"是呀。"

"什么是指南车?"

"据说它的作用与指南针差不多,是用来指示方向的。"

"可有人做过?"

"据说古代黄帝时期,由于黄帝和南方的蚩尤部落打仗,遇上大雾,无法辨别方向,于是黄帝就制造了指南车。"

"我们的祖先真聪明呀!"

"后来,东汉张衡和三国时期的马钧也制造过指南车,并且得到众人的好评。只是他们的指南车很快就失传了,就连制造的原理也没有丝毫记载。"

祖恒失望地望着父亲问:

"您这一宿夜战算是白忙活了!"

"怎能说白忙呢,方才所言不都是收获吗?"

祖恒知道自己有所失言,便急忙说:

"父亲所言极是。"

祖冲之继续说道:

"我就不信,先人能做到的事,我就做不到。"

祖恒望着父亲那刚毅的面容,心想:为这指南车,父亲又不知要吃多少苦了!想到这里,他对父亲说:

"父亲有何难事，尽管分配孩儿去办。您不比当年，还是注意点身子为好！"

祖冲之像没听见似的，继续说：

"到东晋时，北方各蛮族头领，为了讲排场，摆阔气，也让人制造指南车。后赵皇帝石虎命令解飞给他制造指南车，紧接着，后秦的皇帝姚兴也命令令狐生给他制造指南车。他们出巡的时候，就把指南车放在仪仗队的前面，与其说是用来指引方向，倒不如说是为了表示皇家的派头。"

祖恒笑着说：

"看起来，皇帝也有做不到的事情呀！能拥有天下，却不能拥有指南车。"

"皇帝可以拥有天下，但没有的东西太多了，只是他不知道而已。"

祖恒看着父亲的神色，便知道此时父亲对指南车已有深刻的认识了。他多年与父亲朝夕相处，深知父亲的习惯，于是他问道：

"父亲此时一定已有眉目了。"

祖冲之若有所思地说：

"眉目倒不敢说。只是据我估计，先人所造的指南车，其内部机关可能都是木制的。我想，若能用铜制，一定比木制更灵活。"

没等祖冲之说完，祖恒高兴地说：

"父亲所言极是。铜制的指南车，灵敏度自然比木制的要高！"

于是，父子俩便一鼓作气地干了起来。

不久，一辆铜制的指南车，终于在祖冲之父子的手中制造成功了。

制造成功后，肖道成命令他的两个亲信说：

"你二人与我一道试验一下，看看这辆指南车是否灵验。"

在皇宫南门内的教练场上，御林军站立得非常齐整，排着队观看指南车的检验，还有一些大臣也前来看热闹。

只见指南车走在最前面，后面跟着肖道成的两个亲信王僧文和刘休。

经过反复检验，王僧文上前报告说：

"大人，此指南车造得非常好，不论如何拐弯，木人始终指向南方。此乃当今最好的指南车了！"

肖道成闻听，哈哈大笑说：

"祖大人真乃神人也！"

当时在场的人都称赞说：

"祖大人的才能真乃举世无双呀！此车是继马钧以来最好的指南车了！"

过了些日子，祖冲之正在书房看书，老管家匆匆进来，见主人在聚精会神地看书，便又出去了。因为他知道主人看书时，任何人都不能打扰。可见，他心中有事，不时地探头张望。祖冲之隐约觉得有人，便警觉起来。后来，他发现是老管家，待到管家再探头时，便问：

"何事？"

管家近前说：

"北朝有个叫索驭麟的人，来到京都，声称他也能制造指南车。他到处宣扬，现在已无人不晓了。"

"休要惊慌！世上能人背后有能人，也许他比我制造的指南车更好。"

管家说：

"奴才说的不是这个意思，我是说那个北朝来的人被肖大人叫去问话了。"

这时，祖恒进来，听了管家的话，感到很奇怪，便说：

"世上真有这等巧合，南朝有人制造指南车，北朝也有人能制造指南车？"

果然，过了一段时间，索驭麟的指南车制造出来了。肖道成便让索驭麟的指南车与祖冲之的指南车进行比赛。

只见两辆指南车后面，御林军跟随着向教军场外走去。整个赛场赞叹不已！一会儿，整个赛场沸腾起来。草原在欢呼，森林在欢呼，群山欢呼！……

指南车消失于远方尘幕以后，人们跷着脚跟，巴望它们重在远方尘幕中出现。等呵，等呵，人们被焦急期待的心情折磨着。人们都拥进教军场，自动地排成两排，两排之间又留着一条几十丈宽的空场，以便让驰来的指南车畅通无阻。

"噢！回来了！"

不知是谁第一个发现了远处的人影。霎时，整个教军场重又沸腾起来！小孩子们都骑在大人的脖子上，有的人向指南车奔去。

"来了！来了！"人们不停地狂呼着。

远方扬起弥天的灰尘，同时隐约传来御林军的呼喊声。比赛进入最后一段路程。只见祖冲之的那辆指南车运转自如，不管向哪个方向转，小木人始终指向南方，没有出现一点毛病。而索驭麟的那辆指南车丑态百出，一上路就不好使了，结果证明：索驭麟的指南车远不如祖冲之的。

看热闹的大臣们都佩服得五体投地，无不向祖冲之拱手祝贺。祖冲之谦逊地一一还礼说：

"区区小技，何足挂齿？"

回家的路上，祖冲之的孙子祖皓依偎在爷爷的怀里，抚摸着爷爷的胡子问：

"爷爷，您做的指南车为何会转弯呢？"

祖冲之看着小孙子那天真的小脸说：

"爷爷做的指南车是用齿轮指挥那个小木人转动的。"

"什么叫齿轮呀？"

"就像你的牙齿一样，互相咬啮住，谁也奈何不得了。"

管家在旁问道：

"大人，您用啥招法把那小木人管得那么规矩？"

祖冲之笑了笑说：

"那小木人可不听什么规矩。那是我在车厢的中央安装一个大平铜轮，上面竖一长轴，轴上有一木人；左右各装一小平铜轮。外侧各装一个铜齿轮，能够跟随左右的行走轮转动。车行前先将木人之手指向正南方。当马拉着车子前进的时候，如果向左转弯，右边的行走轮就会带动立轮、牵动小平轮，小平轮又使大平轮向相反的方向转动，因此木人的手就仍旧指向正南方。同样道理，如果车子向右转弯，大平轮也相应地作反方向转动，木人始终是指向南方的。"

管家赞叹地说：

"这么复杂，何人能想到？大人真是活神仙呀！"

大家听后，都笑了。祖冲之摇着头说：

"世上根本就没有什么神仙，人就是神仙！只要肯动脑筋，就没有做不到的事。"

制造水碓磨

小皇帝刘昱凶狠残暴，以杀人为乐，朝廷内外人不自保，肖道成功高权重，趁此机会，于公元479年夺取了政权，在建康做了皇帝，改国号为齐，历史上称南齐。

在肖道成和他的儿子齐武帝统治时期（479—493），南朝境内由于没有大的战争，出现了稳定的局面，生产也因此有所发展。

祖冲之看到时局稳定，百姓可以安居乐业，他心中有说不出的高兴，于是干劲倍增。他想起当年在地方上做官时看到农夫舂米、磨粉很费力，早就想解决这个问题，现在是时候了。于是，他用机械代替人力，提高劳动效率。

这一一天，祖冲之正在书房里画草图，小孙子祖皓跑进来。看到爷爷正在聚精会神地画着什么，祖皓又悄悄地退了出去，跑到父亲的房里告诉祖恒说：

"父亲，爷爷画了一张画。等一会儿，爷爷不在时，我将那画拿来贴在您的房里如何？"

祖恒看着儿子顽皮淘气的样子，又好气又好笑，对他说道：

"不要胡闹，爷爷在做大事，不要打扰他。"

祖皓看到父亲如此严肃，便垂手说：

"记下了。以后一定不打扰爷爷了。"

从父亲的房里出来，祖皓觉得很纳闷。心想：爷爷在干什么大事呢？于是，他又偷偷来到书房，不声不响地站在爷爷身边，看着爷爷画画。祖冲之画累了，放下手里的笔，揉着眼睛。忽然发现孙子站在旁边，祖冲之惊讶地问：

"皓儿，你在这干什么？"

祖皓噘着小嘴说：

"父亲说您在做大事，我想知道爷爷在做什么大事？"

祖冲之笑着说：

"是呀，爷爷在做大事。爷爷做的这件事可以使许多人不用出力干活就可以吃上饭了。"

祖皓不解地问：

"咱们大家不都没有干活也可以吃上饭吗？"

孩子的话，使祖冲之很震惊。仔细琢磨孩子的话，觉得也很有道理。他从小生长在富裕的环境里，衣来伸手，饭来张口，从来没见过农夫在田地里劳作，怎能知道什么叫辛苦呢！别说是小孙子，就连自己若不是做地方官，也是五谷不分。祖父在西晋末年，由于故乡遭到战争的破坏，迁到江南来居住。据说，当年祖父和祖母的生活很艰难。后来，祖父在刘宋朝廷里做了官，直至现在祖家世代在朝为官，子孙们才没有再为生活而操劳，致使今日孙子说出这样的话来。见此情景，祖冲之便因势利导说：

"谁说咱们都没有干活儿，爷爷和你父亲不都整日为朝廷做事吗？这也叫干活，你还小，等以后长大了，也要做事的。家中的女眷可以不用外出做事，只操持家务，都由爷爷和你父亲养活。"

小祖皓点点头说：

"我明白了，世上都是男人外出做事，女人在家做事。"

祖冲之听了，觉得孩子还小，有些事一时半会儿也讲不清楚。于是，又说道：

"天下多数都是农夫，他们依靠种田生活。他们整日在田里劳作，很辛苦。打下的粮食都是带皮的，不能吃。要经过舂米、磨粉，很费力的。当年爷爷在娄县当县令，看到农夫们辛苦一年，还要起早贪黑舂米、磨粉，就想解决这个问题，想用机械代替人力，提高劳动效率。"

没等祖冲之说完，祖皓就抢着说：

"我明白了，爷爷是想让那些农夫清闲一些。"

祖冲之笑着说：

"真不愧是祖家子孙，真聪明！你说的一点儿不差，爷爷就是想让那些农夫辛苦一年后，也有点休息时间……"

这时，祖恒进来，看见祖皓也在这儿，便说：

"我早就知道你在此给爷爷捣乱，父亲之言当做耳旁风了？"

祖冲之阻止说：

"莫要说孩子！我也想休息一会儿，他来此正好给我解闷了。"

祖恒见父亲替皓儿开脱，无法再说什么，只是用眼睛瞪儿子。小祖皓躲到爷爷身后，假装看不见。祖恒只好与父亲说话：

"父亲，我见您近日很辛苦，年纪一年比一年大，要注意身体呀！"

祖冲之用手摸着三绺美髯说：

"我自从进入仕途，开始在华林学省，后来跟随刘子鸾到南徐州，又随他回京城，又因他受株连到娄县，奔波大半生。所到之处，那些乡间的大道和小路，哪里没有我的足迹？想起那些忠厚质朴的农夫，我就有使不完的劲。只要我能做到的，我就想尽一切办法去帮助他们。和他们相比，我的辛苦简直是微乎其微，根本谈不上辛苦二字。况且，现在在朝做谒者仆射，比较清闲。利用这个机会研究粮食加工机械，既可以减轻农夫的体力劳动，又可以将多年来一直想制造的水碓磨完成。这岂不是一举两得！"

祖恒望着父亲那慈祥的面孔，想起自己从记事起，父亲总是对所有的事物都感兴趣。他没有一天停止过研究、试验、观察。他为了试验可以忘却吃饭，忘却睡觉。成年累月，不管刮风下雨，一年四季他从不耽搁一分一秒。他没日没夜地试验着，从不知疲倦。为了让父亲多休息一会儿，祖恒便找话与父亲聊天：

"近日有什么收获吗？"

祖冲之哪里知道儿子的良苦用心呢。听到儿子的问话，他便滔滔不绝地讲起来：

"水碓磨利用水流冲击的力量来代替人力劳作。我们的祖先曾使用过水力舂米的水碓和磨粉的水磨。西晋将领杜预在机械方面很有造诣。他曾经发明过连机碓，在水流很急的地方安装一个大水轮，轮轴有数尺长，上面安一列横木。当水力推动着轮子转动的时候，长轴上的横木就能带动好几个石杵，一起一落地在石臼里舂米。杜预还创造了水转连磨，大约是在水轮的长轴和磨上装上齿轮，在水力大的地方，一个水轮能带动八个磨，同时进行磨粉。连机碓和水转连磨的发明，无疑提高了粮食加工的效率，比单个的碓或磨好多了。但是，它们是分开的，不能同时使用碓和磨，仍有不足之处。我想研制一种水碓磨，就是在连机碓和水转连磨的基础上进行改革，取其精华，把水磨和水碓结合起来，能同时舂米和磨粉。"

祖恒拍手说：

"太妙了！此番一改进，便是一个很有实际价值的创造。"

不久，水碓磨终于制造成功了！水碓磨造成后，和指南车造成后一样，也进行了公开试验。试验时，齐武帝亲自到现场参观。

只见一个横木上带动了好几个石杵在臼里舂米。在旁边，用两个齿轮连接起来带动磨同时磨粉。水流越急，大齿轮转动得越快，几个石杵像鸡啄米似地灵活自如。另一头的水磨飞快地转动，很快磨出了粉。这样大的场面，只要一个农夫照顾一下就可以了，可以减少许多繁重的体力劳动。大臣们看了，仿佛在看杂技。齐武帝称赞说：

"祖爱卿真乃神人也！"

大家看得眼花缭乱，不肯散去。

由于这种机械直接服务于农业生产，因此得到推广，在农村里用得较多，没有失传。解放初期，我国南方有些农村还在使用这种古代留传下来的生产工具。

对交通工具的改进

祖冲之受到皇帝的奖赏，全家都欢天喜地。朝中的大臣们都来祝贺，往日门可罗雀的祖府，突然变得门庭若市。小祖皓见这突如其来的热闹场面，高兴得不知如何是好。他缠着爷爷不肯放手：

"爷爷，您整日看书、写字、画画，从不带我去玩耍。今日您一定要陪我去玩上一日。"

祖冲之看着孙子天真活泼的样子，心里很高兴。他抬起头，眼望天空，思忖片刻说：

"是呀，该陪皓儿玩玩了。去何处呢？"

没等祖冲之想出一个合适的地方，祖皓便抢着说：

"去栖霞山。我听老管家说那里可好玩了！"

祖冲之频频点头说：

"好，好，咱们就去栖霞山。"

栖霞山位于建康东北处，风景秀丽，驰名江南。自南而北有三条岭：南有景致岗；中有千佛岭；北面则由黑石档、平山头、三茅宫等山头组成，叫摄山，也叫凤翔峰。

一路上，小祖皓的眼睛都不够用了。栖霞山环境幽静，山上的红叶闻名遐迩。如火如荼的枫叶，或浅红，或深绛；或作橙黄色，或作朱砂色；经霜以后，越发显得鲜艳。登凤翔峰而望，千峦起伏，尽出足下；下临长江，风帆隐现。江边良田万顷，沟梁交错。对着这锦绣河山，祖冲之感慨地说：

"我南朝真乃宝地呀！地处水乡，长江、珠江等大水系都在我国南朝境内，还有许多湖泊和漫长的海岸线。近年来没有大的战争，百姓安居乐业，到处是一派繁荣景象！"

祖恒在旁看到父亲如此高兴，便也附和着说：

"是呀，近来常有北朝人前来做生意，他们都视我南朝的物产为至宝。"

祖冲之闻听，恍然大悟说：

"我因研制水碓磨，一直不曾上街。近日上街总觉得有些异常，又说不清楚。今日经你这一提醒，方想起京城的人越来越多，市场上更是车水马龙，到处是做买做卖的，真兴旺啊！"

"您没看见，咱们来的路上，肩挑的、人扛的、大车小辆的，到处都是做买卖的？随着人们生活的安定，各地商人都前来建康做买卖。随之而来的，恐怕要给京城的运输和交通带来危机。"

祖恒只是随便说说，没想到祖冲之却放在心上了。这时，他们开始往山下走，小祖皓在前面蹦蹦跳跳，突然想到了什么，回头问道：

"父亲，咱们还往何处去？"

祖恒不假思索地说：

"回府。"

祖皓跑到祖冲之面前嚷着说：

"爷爷，今日出游只看山，还没有看到水呢？"

祖冲之笑眯眯地说：

"你要看什么水呀，咱家后花园里的人工湖不都是水吗？"

祖皓闻听，拉着祖冲之的手说：

"不是那个意思，我是要看江水。您带我去燕子矶呗。"

"你每次出来都要去燕子矶，今日就算了吧。"

祖皓哪里肯善罢甘休，拉着祖冲之的手嚷嚷着。祖冲之无奈，只好说：

"好！好！爷爷一定满足孙子的要求。"

说着已经来到山下，祖冲之上了轿，众人上了车子，仆人们跟随着轿子步行前往燕子矶。

到了燕子矶，众人簇拥着祖冲之来到江边。祖皓像小燕子似地跑前跑后，高兴得像出笼的小鸟。祖冲之站在三面环水、岩石裸露的燕子矶上，望着那些千姿百态，形状不一的岩石。燕子矶虽然高度不大，只有六丈多，山体也很小，但山势险峻，屹立于江边，好像一只临江欲飞的燕子。这时，祖冲之的脑海里突然闪过一个念头：这不是一个很好的渡口吗？他立即对祖恒说：

"恒儿，你看！这里不正是一个很好的渡口吗？如果在此开一个渡口，南来北往的人可要方便多了。"

祖恒点头说：

"父亲所言极是，只是这里的道路不好行走，全靠人力背背扛扛，很吃力的。另外，这些小船只能运一些小量的货物，如果遇上大量的运输就吃不消了。"

祖冲之若有所思地说：

"若能制造一种大船就好了。"

"大船？如何行走？"祖恒不解地问。

祖冲之思忖半晌说：

"就像水碓磨似的，可以利用轮子激水前进呀。"

祖恒点头说：

"可也是，如此说来，真可以试试。"

"对！"

祖恒又突然想到什么说：

"这些崎岖小道，只能走人不能走车。即使将货物运来，也只能堆在江边了。"

"水上的问题若能解决，陆上的问题就更好说了。三国时，诸葛亮为了统一天下，对于军事、生产都采取过具体措施。蜀汉位于川蜀大地，有丰富的物资，但四周多山，运输十分困难。诸葛亮采纳蒲元的建议，设计了一种'木牛流马'，用来运输粮草。若能用在此处，不是很好吗？"

这次游玩，众人都玩得非常开心。只有祖冲之出来时很高兴，玩时也很开心，但在回府的路上，他的眉头上皱了个大疙瘩。在他的心目中，又开始编织着一个新的幻想了。

从这以后，祖冲之经常往返于祖府与燕子矶的小道上。他常常与渔夫聊天，不久就结交了许多渔夫。他与他们亲热得像亲兄弟，时常送给他们一些衣物。就这样，他经过反复和探讨，设计并制造了一种千里船。

　　千里船舱口阔大，可容二三十人。里面陈设着字画和光洁的木家具，舱壁上雕镂颇细，并雕有精致的花纹，颇悦人耳目，使人产生亲切之感。千里船规模很大，船头高高耸立，那火红的旗帜随风飘荡。空敞的船舱，也足系人情思。而最出色处却在它的舱前。舱前是甲板上的一部分，上面有弧形的顶，两边用疏疏的栏杆支着。里面放着几案。

　　千里船造成后，放在京城建康南面的新亭江里试航。京城的人们像潮水般涌向江边。往日荒凉僻静、人烟稀少的江边，由于这条船的出现，情形就突然改观了。这江边像过年似的，热闹非常。祖冲之站在船上，望着天苍苍、水茫茫、波涛汹涌的景色，沉着而冷静。偌大的千里船，竟像一件儿童玩具在一大锅沸水里面颠簸似的。四周已经看不清陆地上的一切，只有几只飞鸟贴着水面飞翔。他心潮起伏，泛起种种遐想：有了这条船，不光是江边，就连海再也不会那么寂寞了。这条船可以和其他陆地，和整个天下联系起来。乘着这条船远航，可以看到那海水蓝得像墨，海豚像顽皮的小孩一样毫不客气地追逐着船儿嬉戏。

"看！那千里船多雄伟，四个大轮将水激得像盛开的菊花似的。"岸上的人们议论着。另一个人说：

"你说得不对，菊花哪有那么大呀！我看像蛟龙搅水……"

……

祖冲之在人们的议论声中又回到岸边。试验结果是一天能走50千米。他突然感到了成功的喜悦。在一刹那间，他对于人类文明的这种产物——船，突然涌起了异样强烈的感情。

船，像一根小小的钥匙打开大锁似地打开了海洋的门户。

船，像闪电划破黑夜的长空一样划破了海洋的胸膛。

后来，祖冲之又查阅了许多资料，特别是从《三国志》里有关木牛流马的记载中受到启发，经过长期研究，创制了一种陆上运输工具。这种工具的构造很巧妙，据古书上说，"以诸葛亮有木牛流马，乃造一器，不因风水，施机自运、不劳人力"。这种机器虽然很好，不用风力和水力，能够"施机"（就是发动一种机构）自己运行，但可惜没有流传下来。

制造计时器及其他

这是一个风和日丽的早晨,祖府后花园的人工湖泛着微微的涟漪。水面在阳光照射下。闪烁着耀眼的光芒,耀得人眼睁不开。湖的四面,嫩草绿油油的,亮晶晶的,蒙着金色的尘埃。蒲公英的朵朵黄花开得绚丽烂漫,小巧娇嫩,好像一些鸡雏。它们扑动着,欢笑着,显得那么亲切可爱,有的已经长出了银球。

祖皓在后花园中好奇地玩着,挑最大的蒲公英折下来,放在嘴边轻轻一吹,毛茸茸的银球便无影无踪了。

不知不觉,他跨过月亮门,发现前面有一座小屋。高楹曲栏,曲于四面;台阶三层,上绕檐廊。东西各有一个小门。祖皓走上台阶推开门，发现里面横七竖八地堆放着许多杂物。其中有一物引起了他的兴趣。只见一个精致的梯形木架，每层有一个底部有小孔的斗子，最底层有一个桶，上边有许多小横杠。小祖皓摸摸这，摸摸那。上面还有许多小玩意，他从来没有见过。一种好奇心驱使他跑到爷爷的书房，小祖皓将祖冲之拉到后花园的库房里，指着那个精致的木架说：

"这是何物？"

祖冲之看着这个木架，若有所思地说：

"这是当年爷爷从事天文观测时必用的仪器，叫计时器，也叫漏壶。"

"爷爷当年研究天文时，一定有许多故事。如何观测天文？天上都有哪些玩意？一定很好听。今日爷爷就讲给孙儿听吧。"

"爷爷当年也同你一样，见了什么事都感到新鲜，尤其是迷上了天文。爷爷青年时代用大量时间从事天文观测，观测必须有仪器。爷爷当时用的仪器有铜表和这个漏壶。"

小祖皓眨着聪慧的大眼睛问：

"何谓铜表？"

没等爷爷回答，他指着墙角一个铁架子上的铜制物件说：

"是那玩意吗？"

祖冲之点点头说：

"正是。"

"噢！那玩意我知道，前些时老管家常拿它摆在花园里。教我测量日影玩，并说爷爷当年成年累月地在那里测量日影，每日将那铜表擦得金光闪闪的。"

祖冲之微笑着，手摸三绺美髯，若有所思地说：

"是啊，当年爷爷为了测量日影，绞尽脑汁对这些仪器进行研究，观测必须有仪器，爷爷当时所用的仪器，除了铜表之外，就是这种计时器——漏壶。只有时间保证准确，观测所得到的结果才更可靠些。因此，爷爷对传统的计时器——漏壶进行了研究，并进行了改革。当时，有许多研究天文的学者对于漏壶的改进都很注意，很有名望的天文学家何承天曾上书朝廷，建议重造漏壶以适应历法的实行。"

小祖皓问道：

"就是完成《元嘉历》的那个何爷爷吗？"

祖冲之点头说：

"正是"

"爷爷，您不是撰写了一部《大明历》吗？为何至今没有推行呢？"

"是呀，爷爷撰写那本《大明历》，完全是为了天下的百姓。可是，由于有人反对，至今未能推行。为此，爷爷感到非常遗憾。"

说着，脸上黯然失色。小祖皓知道自己惹祸了，吓得再不敢言语。他灵机一动说：

"爷爷快些给孩儿讲漏壶之事呀。"

祖冲之像没听见似的，继续说道：

"爷爷相信总有一天会推行的。那里凝聚了爷爷几十年的心血。《大明历》中的所有数据都是爷爷成年累月、不管刮风还是下雨、不管晴天还是阴天、一点一滴地积累起来的，都是非常准确的。如果百姓按照《大明历》的节气劳作，一定会受益的。

"爷爷整日记挂着百姓，可是百姓却不知道您所做的一切。"

"做事不是为了要别人知道，人活一辈子，几十年很快就过去了。这几十年不能虚度，要抓紧时间做点事情，心里才感到安然。爷爷可以问心无愧地说，我的每分每秒都没有虚度。已经尽了最大的努力了。"

祖冲之的话，深深地铭记在他那幼小的心灵里，小祖皓暗暗下定决心，一定要像爷爷和父亲那样为百姓做好事，不给祖家祖先丢脸。想着，想着，小祖皓又想起漏壶之事，便又嚷起来说：

"爷爷快些讲那漏壶之事吧。"

"这漏壶并非爷爷一个人研究出来的，这里还有你父亲的功劳哩。"

"爸爸也参加研究漏壶了？"

"当然。你父亲在数学方面是很有造诣的。当年，他帮了爷爷不少忙。至今已经成了爷爷的得力助手了。"

"爸爸帮爷爷忙，以后我也做爸爸的助手。"

祖冲之听了，爱抚地摸着孙子的头说：

"好孩子，你一定要继承祖家的事业，为祖家争光。"

说着，走到漏壶跟前，指点着对小祖皓说：

"一般是上面有一个底部有小孔的斗子，里面盛水；下面有一个桶，其中立一个很轻的'浮箭'，上有刻度。把一昼夜分为一百刻，浮箭上的刻度也就刻成一百个，用一个很细的管子和斗子底部的小孔连接。"

小祖皓指着很细的管子问：

"这玩意叫什么名字呀？"

"都叫它渴乌。"

"噢，我明白了，这个渴乌与斗子底部的小孔连接，水就会一滴一滴地流到下面的桶里了。"

祖冲之点头说：

"皓儿说得很对。由于桶里的水位增高，浮箭也就上升。根据浮箭上露出的刻度，可以判断时刻。"

"那怎么看浮箭上的刻度呢？"

"浮箭上的一百刻又按一昼夜的十二个时辰划分为几段。一些段的分点代表一些特殊的时刻。对于这些特殊时刻的安排，历代漏刻都有不同，有的把某一段分得长一点，有的短一些。爷爷给它们作了重新安排，分别用'晡鼓'、'关鼓'和'下鼓'表示三个特殊时刻，'鼓'是报刻的意思，'晡'是申时过后五刻。这时要报刻，就是晡鼓。爷爷又把由关鼓到下鼓、由晡鼓到关鼓的时间都安排为十三刻，冬夏四季都一样。"

后来，人们将佑承天与祖氏父子三人并称。而且将他们的漏刻与前人的漏刻作了比较，总结说："漏刻赊促，今古不同。《汉书·律历》、何承天、祖冲之祖恒之父子

《漏经》，并且关鼓至下鼓、自晡鼓至关鼓毕十三刻，冬夏四时不异。"所谓"漏刻赊促"，就是每一段晚到或早到的意思。

小祖皓连连点头说：

"我明白了。"

真不愧是祖家的子孙，只经祖冲之这样草草一说，小祖皓便完全明白了。后来，祖皓果真继承了祖家的事业，对天文和数学都很精通，而且能文能武。梁武帝末年，他做了广陵郡（今江苏省江都县）太守。

小祖皓突然想起什么，又问道：

"爷爷，前些时候您送给竟陵王爷萧子良一种很珍贵的器物。听爸爸说，那器物就连最有名望的大机械学家都没有造成。爷爷却造成了！"

祖冲之点头说：

"那器物叫'欹器'。"

"欹器有何用处？"

"我们的祖先用此物到井里提水。欹器底尖、口小，中间有个大肚子，腹部还有两耳。两耳系绳吊起，不盛水时成倾斜状；水不太满时就直立起来；水满了就自动倾斜，将水泼出一些。这是我们祖先一项重要发明。后来，人们发现它有这些特点,便用它去打水。由于重心位置的作用,接触到水面时,它便自动倒下灌水。当水满的时候,它又自动直立,人们可以将其提上。"

小祖皓瞪大眼睛听爷爷讲到此处,又问道:

"真神了!它还有别的用处吗?"

"由于它永远盛不满水,令人想到'满遭损,谦受益',因而人们还将此物作为提醒自己、验证祸福的警器。孔老夫子曾亲自到鲁庙去观看,叫门徒给他注水实验。后来,皇帝和一些王子都要弄个欹器来验证吉凶祸福。

小祖皓竖起大拇指说:

"这里的学问真多啊。爷爷是天下最能耐的人了!"

祖冲之板起面孔说:

"噢,怎能如此说话?世上的能人有许许多多,莫要作井底之蛙。要牢记:人外有人,天外有天。你小小年纪更要谦虚谨慎,务必要脚踏实地干点实事。"

小祖皓闻听,立刻说:

"爷爷,孙儿记下了。"

晚年生活

祖冲之的晚年，正是南齐末期。

这一天，从祖府内传出低沉的琴声。琴声越来越低，好像乐器不再有力，发不出声音了。从琴弦底下忽而传出低哑的断断续续的呻吟，忽出传出哀怨祈求的声音，而结束时总是痛苦的长叹。琴声仿佛在诉说不幸的遭遇和绝望的痛苦，令人肝肠欲断。人类心灵的一切痛楚、万般悲哀，都尽在其中了。

在后花园的小道上，祖恒和儿子祖皓正在散步。他们听到琴声，便停住脚步，静静地听着。祖皓突然问道：

"父亲，我觉得爷爷近几年有些反常。以往，他最注重科学研究,而近来却对文学和社会科学非常感兴趣,也比较关心时政了。"

祖恒长叹道:

"朝廷不安宁,皇家内部自相残杀,政治黑暗,弄得民不聊生。你爷爷忧国忧民,面对这种状况,哪里还有心情搞研究。"

爷俩相对无言。半晌,祖皓又说:

"我最佩服爷爷。近来,爷爷不但完成了《易老庄义释》、《率语孝经注》,又著有《述异记》,真是奇才呀!"

"是呀,你以后若能赶上你爷爷,为父就心满意足了!"

"我一定努力,争取青出于蓝而胜于蓝。为祖家争光!"

祖恒满意地点了点头说:

"只有这样做,才不愧为祖家的子孙。"

过了一会儿,祖皓仿佛又想起什么似的说:

"爷爷对音律也很有研究吗?"

"何止研究,可以说已经达到了最高水平。古人把音乐音阶的音叫做'律',最初只有五个,叫'五音'或

'五律'，以后发展为七律、十二律。'律'又指构成音阶的各个音间的规律。怎样来辨别这些音律呢？我也说不清楚，你爷爷一直没有教我。"

祖皓笑着说：

"辨别音律，孩儿已经掌握了，是爷爷教我的。有一种叫'黄钟律管'的专门工具，可以按照它的长短来校量音律。另外，黄钟律管还有校正度量衡的作用。爷爷说他研究晋初铜尺时，便和研究钟律联系起来了。爷爷不但研究了数学，捎带着也学会了音乐。从此，我便知道数学和音乐有着密切的联系了。"

爷俩边说边向祖冲之的书房走来。一跨进房门，祖恒便看到父亲正坐在那里，露出一筹莫展的样子。心想，来得正是时候，老爷子又在为国事犯愁了。于是上前说道：

"父亲，今晚的夜色非常好，到外面走走如何？"

祖冲之仍然眉头紧皱，低声说：

"哪时有心情赏月？天下要大乱了，百姓又要遭殃了！"

"噢！朝廷又有何事要发生吗？"

祖冲之长叹一声说：

"先帝刚刚驾崩，小皇帝昏庸，只知玩耍，不理正事。百姓何时才有出头之日啊？"

祖恒闻听，问道：

"先帝临终时，不是有遗诏要竟陵王萧子良和尚书左仆射萧鸾一起辅佐幼主、参与大小朝政吗？竟陵王完全可以出头劝劝幼主呀。"

没等祖恒说完，祖冲之便摆手说：

"当初先帝刚刚咽气，中书郎王融想强行拥戴萧子良为帝。幼主与手下人束手无策，焦急万分。这时，萧鸾闯入宫中，扶幼主登上皇位。通过这件事，萧鸾一下子提高了威望。与优柔寡断、胆小怕事的萧子良相比，他的果断干练给人们留下了深刻的印象。朝野内外人心渐渐归向于他。小皇帝由此把他视为股肱之臣，朝政不论大小都委托给他。萧子良身受猜忌，忧虑成疾，不问朝政，唯挂虚名而已，实权完全落在萧鸾手中。后来，萧鸾不动声色地将幼主的心腹杨珉等一一杀掉，而多数还是由幼主下令诛杀的，弄得幼主既心疼又无可奈何。随着萧鸾权势日隆，幼主与萧鸾之间的矛盾也越来越白热化了。现在，竟陵王萧子良病入膏肓。他若去世，萧鸾和幼主的冲突就会严重了。有可能又要刀兵相见了。"

说完这番话，祖孙三人都沉默不语了。果然不出祖冲之所料，不久，萧鸾杀了幼主，自己作了皇帝。他登上皇位后，大杀皇族，又引起了内乱。

这一天，祖孙三代正在议论朝政，管家突然跑进来说：

"朝廷来人了，说是让老爷出去接旨！"

祖冲之听了，连忙整理衣冠前去接旨。原来，齐明帝萧鸾任命祖冲之兼任军职——长水校尉。

长水校尉的具体职务是管理国内少数民族的兵马。齐明帝把祖冲之从文职岗位调任军职，显然是让他统帅由北朝来到南朝的军队。这说明南朝的齐明帝已无力维持局面，只好让年近70岁的祖冲之充任军队将领了。

祖冲之欣然接受了任命。他虽已年近七旬，但仍壮志凌云。他雄心勃勃地提出了"富国强兵"的政治主张。

这一天，祖皓不知来看过爷爷几次了。只见爷爷伏案挥笔撰写着什么，仆人送来的饭都已经凉了。一连几日如此，祖皓很担心爷爷的身体。于是，他走近爷爷身旁说：

"爷爷，先吃饭吧。仆人已经热过好几次了。"

这时，祖冲之才抬起头，看了看孙子，说：

"就要写完了，我想一气呵成。"

"爷爷，一连几日，您又在写什么呀？"

"我正在写一篇《安边论》，论述开屯田、广农殖等事。当今国库空虚，又经常有战争发生，此乃当务之急呀！"

祖皓见爷爷偌大年纪还为国事操心，深受感动。祖冲之看孙子好学，便继续说：

"你也长大了，爷爷写完《安边论》后，要着手创造条件，准备实行。你以后就跟随爷爷办理一些事务吧。我马上就巡行四方，相机兴办一些事业，你在我身旁也是个帮手。"

"爷爷尽管吩咐，孙儿一定照办。"

后来，齐明帝病逝，由他的儿子东昏侯做了皇帝。他不好学，贪玩，嬉戏无度。群臣无不叹：如此君主，如何能治理好天下？北朝的北魏乘机出兵攻齐，战争从公元494年年底继续到500年，齐的重镇寿阳（今安徽寿县）被北魏夺去。

祖冲之带领孙子祖皓四处奔走，一心想挽救摇摇欲坠的齐王朝。可是，当时齐的统治已病入膏肓，无可挽救，再加上南北朝之间的连年战争，祖冲之的政治主张无法实现。

晚霞的余晖映照着整个宽大的房间，使一切都笼罩在一片绯红色的幽暗中。奄奄一息的祖冲之正在凝望着遥远的天空。他的脸浮现出一片死灰色。

仆人们都跪在房间幽暗的地方，发出一阵阵哭声。

"爷爷啊！"祖皓又哀声叫了一次，由于心头涌上一阵悲痛，竟号啕大哭起来。

祖冲之似乎醒过来了，把头转了过来，以清冷的目光盯着孙子的脸。他张了张嘴，想说什么，可是什么也没说出来。他用僵冷的手掌握着孙子的手，祖皓明白爷爷想要说什么，便大声喊道：

"我一定继承祖家的事业，一心想着天下百姓，刻苦读书，完成您未完成的事业。"

祖恒俯身对祖冲之说：

"父亲尽管放心，孩儿一定尽力将《大明历》一事办好。"

一丝微笑在祖冲之发青的唇上掠过。他又把嘴动了动，但除了呼噜呼噜的喘息外，没有发出别的声音。

他脸上的笑容已经凝聚。他把脸转向窗口，一双眼睛凝望着苍茫的暮色，凝望着他最熟悉的天空，凝望着慢慢消失着的最后几片云霞。

花园里刮起了风，把矮小的丁香树吹到窗口旁，使一簇簇鲜花打在窗纸栏上，像紫色的眼睛一样探望着弥留之际的祖冲之那渐渐僵硬和一动不动的脸。他的下颚越来越下垂了。

祖冲之一生从事科学研究和政治活动，作出了巨大的贡献后，于公元500年与世长辞，终年72岁。

祖冲之死后，他的儿子祖恒进一步研究《大明历》，并且证实《大明历》比其他历法精密可靠。他从梁天监三年（504）起，前后三次向梁武帝推荐《大明历》，建议施行。从天监八年（509）末开始，由道秀等人对《大明历》和《元嘉历》同时加以实测比较。经过8、9个月的检验，结果证明《大明历》精密，《元嘉历》粗疏。这样，才从天监九年（510）开始在梁推行《大明历》，废除了《元嘉历》。

从祖冲之献上《大明历》到开始推行，中间差不多经过了半个世纪。《大明历》推行时，祖冲之已离开人间10年了。儿子祖恒、孙子祖皓都精通科学，在科学上也有很大贡献。

如日月经天，似江河亘地，人们永远忘不了祖冲之。

世界五千年科技故事丛书

01. 科学精神光照千秋：古希腊科学家的故事
02. 中国领先世界的科技成就
03. 两刃利剑：原子能研究的故事
04. 蓝天、碧水、绿地：地球环保的故事
05. 遨游太空：人类探索太空的故事
06. 现代理论物理大师：尼尔斯·玻尔的故事
07. 中国数学史上最光辉的篇章：李冶、秦九韶、杨辉、朱世杰的故事
08. 中国近代民族化学工业的拓荒者：侯德榜的故事
09. 中国的狄德罗：宋应星的故事
10. 真理在烈火中闪光：布鲁诺的故事
11. 圆周率计算接力赛：祖冲之的故事
12. 宇宙的中心在哪里：托勒密与哥白尼的故事
13. 陨落的科学巨星：钱三强的故事
14. 魂系中华赤子心：钱学森的故事
15. 硝烟弥漫的诗情：诺贝尔的故事
16. 现代科学的最高奖赏：诺贝尔奖的故事
17. 席卷全球的世纪波：计算机研究发展的故事
18. 科学的迷雾：外星人与飞碟的故事
19. 中国桥魂：茅以升的故事
20. 中国铁路之父：詹天佑的故事
21. 智慧之光：中国古代四大发明的故事
22. 近代地学及奠基人：莱伊尔的故事
23. 中国近代地质学的奠基人：翁文灏和丁文江的故事
24. 地质之光：李四光的故事
25. 环球航行第一人：麦哲伦的故事
26. 洲际航行第一人：郑和的故事
27. 魂系祖国好河山：徐霞客的故事
28. 鼠疫斗士：伍连德的故事
29. 大胆革新的元代医学家：朱丹溪的故事
30. 博采众长自成一家：叶天士的故事
31. 中国博物学的无冕之王：李时珍的故事
32. 华夏神医：扁鹊的故事
33. 中华医圣：张仲景的故事
34. 圣手能医：华佗的故事
35. 原子弹之父：罗伯特·奥本海默
36. 奔向极地：南北极考察的故事
37. 分子构造的世界：高分子发现的故事
38. 点燃化学革命之火：氧气发现的故事
39. 窥视宇宙万物的奥秘：望远镜、显微镜的故事
40. 征程万里百折不挠：玄奘的故事
41. 彗星揭秘第一人：哈雷的故事
42. 海陆空的飞跃：火车、轮船、汽车、飞机发明的故事
43. 过渡时代的奇人：徐寿的故事

世界五千年科技故事丛书

44. 果蝇身上的奥秘 ：摩尔根的故事
45. 诺贝尔奖坛上的华裔科学家 ：杨振宁与李政道的故事
46. 氢弹之父—贝采里乌斯
47. 生命，如夏花之绚烂 ：奥斯特瓦尔德的故事
48. 铃声与狗的进食实验 ：巴甫洛夫的故事
49. 镭的母亲 ：居里夫人的故事
50. 科学史上的惨痛教训 ：瓦维洛夫的故事
51. 门铃又响了 ：无线电发明的故事
52. 现代中国科学事业的拓荒者 ：卢嘉锡的故事
53. 天涯海角一点通 ：电报和电话发明的故事
54. 独领风骚数十年 ：李比希的故事
55. 东西方文化的产儿 ：汤川秀树的故事
56. 大自然的改造者 ：米秋林的故事
57. 东方魔稻 ：袁隆平的故事
58. 中国近代气象学的奠基人 ：竺可桢的故事
59. 在沙漠上结出的果实 ：法布尔的故事
60. 宰相科学家 ：徐光启的故事
61. 疫影擒魔 ：科赫的故事
62. 遗传学之父 ：孟德尔的故事
63. 一贫如洗的科学家 ：拉马克的故事
64. 血液循环的发现者 ：哈维的故事
65. 揭开传染病神秘面纱的人 ：巴斯德的故事
66. 制服怒水泽千秋 ：李冰的故事
67. 星云学说的主人 ：康德和拉普拉斯的故事
68. 星辉月映探苍穹 ：第谷和开普勒的故事
69. 实验科学的奠基人 ：伽利略的故事
70. 世界发明之王 ：爱迪生的故事
71. 生物学革命大师 ：达尔文的故事
72. 禹迹茫茫 ：中国历代治水的故事
73. 数学发展的世纪之桥 ：希尔伯特的故事
74. 他架起代数与几何的桥梁 ：笛卡尔的故事
75. 梦溪园中的科学老人 ：沈括的故事
76. 窥天地之奥 ：张衡的故事
77. 控制论之父 ：诺伯特·维纳的故事
78. 开风气之先的科学大师 ：莱布尼茨的故事
79. 近代科学的奠基人 ：罗伯特·波义尔的故事
80. 走进化学的迷宫 ：门捷列夫的故事
81. 学究天人 ：郭守敬的故事
82. 攫雷电于九天 ：富兰克林的故事
83. 华罗庚的故事
84. 独得六项世界第一的科学家 ：苏颂的故事
85. 传播中国古代科学文明的使者 ：李约瑟的故事
86. 阿波罗计划 ：人类探索月球的故事
87. 一位身披袈裟的科学家 ：僧一行的故事